Konrad Klar

Vertraue deiner Sehnsucht
JETZT bist DU dran!

Konrad Klar

Vertraue deiner Sehnsucht

JETZT bist DU dran!

Rediroma-Verlag

Bibliografische Information
der Deutschen Nationalbibliothek:
Die Deutsche Nationalbibliothek verzeichnet diese
Publikation in der Deutschen Nationalbibliografie;
detaillierte bibliografische Daten sind im Internet
über http://dnb.dnb.de abrufbar.

ISBN: 978-3-98527-387-4

www.rediroma-verlag.de
9,95 Euro (D)

Dieses Buch widme ich den Menschen,
die durch die Flutkatastrophe im vergangenen Jahr
sehr schwer betroffen sind.

Von Herzen wünsche ich ALLEN, dass sie ihren Schmerz
lindern können und dass sie zuversichtlich für
eine lebens- und liebenswerte Zukunft weiterkämpfen.

Wir werden geboren, um füreinander da zu sein.
Unsere Möglichkeiten sind grenzenlos.
Lasst uns gemeinsam Glücksmomente schenken.

INHALT

VORWORT

Liebe Leserin, lieber Leser,

Jesus rät denen, die ihm nahe stehen wie Kinder zu werden und er lädt seine Zuhörer ein, sich zu besinnen und fordert sie auf ein neues Leben zu beginnen. In der Vergangenheit diente dieser Satz Jesu der Kirche häufig dazu, die Gläubigen in eine ewige Kinderrolle zu verdammen, in der sie auch als Erwachsene zeitlebens verharren sollten. In dieser Konfiguration war es natürlich der Klerus, der in dieser „Familienaufstellung" die Position des väterlichen Patriarchen einnahm. Darüber hinaus verdunkelte eine solche Auslegung auch das Bild Gottes, dem gegenüber die Christen sich nur kindlich, verstanden als unselbständig und klein-naiv verhalten sollten.

Konrad Klar schenkt uns in seinem Buch eine beeindruckende Auslegung, indem er zurecht darauf hinweist: „Die kleinen Sprösslinge sind bereits ab Geburt einzigartige spirituelle Wesen. Sie besitzen ein grenzenloses Potential an Fantasie, Kreativität, Fröhlichkeit, Neugier, Lernbereitschaft, Offenheit, Vertrauen, natürliche Intelligenz, Liebe zum gesamten Dasein und sie sind völlig urteilsfrei in ihrem Denken." Wunderbare Gedanken kommen hier zum Ausdruck.
Der junge Mensch ist noch unverbogen und er begegnet

der Schöpfung Gottes offen und noch nicht geschliffen durch Erziehung und Sitte.

Was Konrad Klar über die Kinder sagt, dass dürfen wir meiner Meinung auch über die „Erwachsenen“ sagen. Und hier bekommt Jesu Wort darüber, wie die Kinder zu werden, eine neue Bedeutung: Gerade dann, wenn wir unser inneres Potential entfalten und wenn wir die Wege verlassen, die uns durch eine fremdgesteuerte Erziehung und eine Entwicklung an unseren ureigensten Bedürfnissen vorbei vorgegeben wurden, dann werden wir erst zu den Geschöpfen, die nach dem Willen Gottes leben.

Natürlich geht es im vorliegenden Werk um mehr als die Erziehung von Kindern. Sein tiefstes Anliegen ist es, die Leser zu ermutigen, dass zu suchen, zu finden und umzusetzen, was dem tiefsten Selbst eines jeden entspricht. In dieser Hinsicht waren die beiden vorangehenden Schriften des Autors für mich wegweisend. Ohne „Mach doch, was du wirklich willst“, hätte ich unter Umständen niemals den Mut gehabt selbst als Autor tätig zu werden. Jeder Impuls hält was er verspricht und führt den Leser dieser Schrift zu einer erweiterten Schau seiner eigenen Fähigkeiten und Talente.
Insofern stellt das Buch von Konrad Klar mit dem Titel

„Vertraue deiner Sehnsucht“ eine Art Anleitung zu Exerzitien im Alltag dar. Seine Gedanken und seine praktischen Hinweise laden dazu ein, sein Leben zu reflektieren und gegebenenfalls Konsequenzen zu ziehen, die bisherigen Pfade der Unselbständigkeit und der Fremdbestimmung zu verlassen. Dieses Buch hat das Potenzial dazu, Menschen zur inneren Quelle der Selbsterkenntnis und einer neuen Hinwendung zu einem selbstbestimmten Leben zu führen.

„Verpasse nicht dein Leben, sondern erobere es. Mach das, was dich wirklich glücklich macht. Tue das, wofür du wirklich brennst.“ Wer dieser Aufforderung des Autors folgt, der kehrt tatsächlich im biblischen Sinn um und geht im Lichte Gottes den Pfad, der zum Glück und zu einem erfüllten Leben führt. Ich wünsche, daher dem wunderbaren Buch eine große Verbreitung und beglückwünsche meinen Freund Konrad Klar zu dieser herausragenden Schrift.

Pater Albert Seul O.P.

VORWORT

Machen wir uns doch nichts vor! Wir leben in einer sehr spannenden Zeitepoche, wo Angst, Panik und Zweifel unser Leben dominieren. In dieser sehr bewegenden Phase unseres Lebens wird unser Vertrauen immer wieder auf die Probe gestellt. Viele aktuelle Entwicklungen auf unserem Globus können wir nur schwer nachvollziehen. Diese fordern uns nicht nur physisch, sondern auch geistig und mental. Natürlich ist es unsere Aufgabe mit diesen Einflüssen, die torpedoähnlich auf uns zurasen, fertig zu werden und Lösungen zu finden.

Viele Menschen fühlen sich innerlich einfach leer und suchen nur noch nach Möglichkeiten, dieses spürbare Vakuum zu füllen. Warum ist das so? Warum ist das so gekommen? Eine von vielen Antworten auf diese Frage kann sein, dass wir den Kontakt zu unserem Herzen und damit zu uns selbst verloren haben. Möglicherweise führen wir unser Leben nur noch im Außen. Das hat zur Folge, dass die Leere im Inneren noch gravierender wird und der Weg für vernichtende psychische Tsunamis geebnet werden könnte. Mut in Verbindung mit Begeisterung und festem Glauben versetzt bekanntlich Berge und kann wahre Wunder vollbringen.
Zunehmender Pessimismus, Ratlosigkeit, Zweifel, Orientierungslosigkeit, Verarmung der Seelen und die Etablie-

rung von Gefühlsanalphabeten sind absehbare Entwicklungen, die eine komplette Generation und die Balance eines ganzen Landes vernichten könnten.

Sitzen wir in der Falle? Leben wir noch selbst oder werden wir gelebt? Wer definiert eigentlich unsere Grenzen, unsere Stärken und unsere möglichen Schwächen? Haben wir das Ruder unseres Lebens noch in der Hand? Brauchen wir gerade jetzt einen Perspektivwechsel, um unser Vertrauen in unser einzigartiges Leben wieder zu beleben? Benötigen wir in dieser besonderen Zeit vielleicht sogar ein Sauerstoffzelt, um unsere Energie wieder zu mobilisieren und frei zu setzen?

Wenn wir erkennen, dass in jeder alltäglichen Handlung etwas Wunderbares steckt, ist unser Leben von Reichtum gesegnet.

Wir dürfen nicht zulassen, dass die Pseudophänomene Angst, Furcht, Neid und Missgunst nachhaltig in unseren Verstand eindringen und sich dadurch Zweifel, Mutlosigkeit, Hoffnungslosigkeit und Zukunftssorgen etablieren. Unsere Aufgabe ist es, das Vertrauen in die eigenen Fähigkeiten zu fördern und zu leben, damit Lebensfreude, Ausgeglichenheit, Zufriedenheit, Zuversicht, Liebe und

Glück die dauerhafte Dominanz bekommen. So räumen wir das Chaos in unserer Psyche auf und schaffen eine Orientierung für unser gemeinsames Leben, damit unsere schöpferische und die uns angeborene Kraft wieder zur vollen Entfaltung kommen kann.

Mach dir bewusst, dass wir auf dieser wunderbaren Erde nur eine bestimmte Zeit verbringen dürfen und keine Eintrittskarte für die Ewigkeit gebucht haben. Diese Einsicht und auch Tatsache dürfte vieles in deinem Leben vereinfachen. Häufig macht es den Eindruck, dass die Überheblichkeit und auch die Arroganz von vielen Menschen zunehmend wächst und die Einfühlsamkeit, das Mitgefühl und die Herzensliebe eher auf der Strecke bleiben.

Vergiss das Streben nach Perfektion und geh deinen Weg, indem du auf dein Herz hörst. Wenn du den Sprung aus deiner Komfortzone wagst, findet deine für dich vorgesehene Entwicklung statt. Ansonsten könntest du dein Leben verpassen. Erwartungen machen dich nicht stark, sondern Entscheidungen. Wo deine Aufmerksamkeit ist, da ist auch deine Lebensenergie.

Da du begonnen hast, dieses Buch zu lesen, gehörst du sicher zu den wunderbaren Menschen, die das Leben als ein Wunder ansehen. Deshalb wünsche ich dir von Herzen, dass dieses Buch dir unendlich viele Impulse, Inspirationen und Ideen für dein LEBEN schenkt. Also jetzt bist du dran!

Lache, liebe, lebe, tanze und überschreite Grenzen. Spüre tiefe Lebensfreude und finde den einzigartigen Kraftplatz in deinem Leben.
Nimm das Leben an, denn auch in der Zukunft hält es viele wunderbare Überraschungen für dich bereit.

Von Herzen,
Konrad Klar

Am Ende dieses Buches habe ich dir reichlich Platz gelassen, damit du dir eigene Ideen und Impulse sofort aufschreiben kannst.

Viel Spaß bei deinen WOW – Momenten!

"Mach deinem Leben eine
Liebeserklärung!
Fange jetzt damit an.
In diesem Augenblick!“

(Konrad Klar)

ÄNDERE DEINE PERSPEKTIVE

Es ist der pure Wahnsinn, wie die meisten Menschen ihr Leben verschwenden und damit ihr kostbarstes und einmaliges Geschenk mit den Füßen treten.
Du hast die Wahl mit deinem Leben das zu tun, was du wirklich willst. Treffe eine Entscheidung und verändere dein Leben so, wie du es willst und nicht so, wie Andere es gerne hätten. Jetzt! Beginne heute und verschiebe es nicht auf Morgen.

Finde Antworten auf die vielen Fragen und schreibe alles auf in dein persönliches Glücksbuch. Lasse deine Gedanken sprudeln und du merkst, wie sich dein Leben auf einen neuen Level hebt. Wenn du die kraftvollen Schätze aus deiner inneren Quelle hervorzauberst, kannst du einen wahren Quantensprung erleben.

In dieser Welt wurden ausnahmslos nur von Menschen Machtstrukturen, Ländergrenzen, Religionen, Politik, Armut, Krieg und Hunger geschaffen. Zu viele Menschen verhungern und die Industrienationen schauen zu.
Warum ist das so? Könnte es sein, dass so eine Entwicklung möglicherweise von bestimmten Menschen, Institutionen oder Mächten sogar bewusst gewollt ist?

Lange Zeit vor dieser gigantischen Entwicklung gab es so eine strukturierte Welt nicht. Wieso liegt der Fokus nicht darauf, Frieden zu schaffen? Wieso glauben wir, dass unser Leben nur durch Besitz und Konsum möglich ist? Wieso ist nicht genug für alle Menschen da? Haben wir eine Grenze oder gar eine Mauer vor unsere Herzen gezogen?

Es wäre doch ein revolutionärer Ansatz, wenn sich eine große Mehrheit der Menschen für eine Unabhängigkeitserklärung an das vorherrschende Konkurrenzsystem entscheiden würde. Der Leitsatz „Was ich für mich will, will ich für ALLE" könnte ein Meilenstein sein. Die Natur ist ein wunderbares Phänomen und dient uns immer wieder als Vorbild. Wachstum, Einheit und Regeneration sorgen für die ständige Weiterentwicklung des natürlichen Lebens. Eine intensive Betrachtung, Wahrnehmung und Analyse unseres Lebens könnte in diesem Zusammenhang sicher neue Tore öffnen.

Die Schöpfung hat uns alle Freiheiten und Möglichkeiten mit auf diesen Planeten gegeben. Wir haben die Chance, unsere Individualität so zu leben, wie es uns gut tut. In unserem heutigen Wirtschafts- und Gesellschaftssystem sind Produktivität, Umsatzorientierung und -steigerung und Gewinnmaximierung geforderte und damit wesentliche Parameter für eine nachhaltige Existenz. Soweit-so gut! Allerdings sollte dies nicht auf Kosten anderer Menschen geschehen. Möglicherweise ist der Antrieb des Konkurrenzdenkens ein künstlich erzeugter Zustand, der durch den Glauben an Mangel und begrenzten Vorrat entstanden ist.

Das fatale Ergebnis unseres Systems ist, dass alle immer mehr wollen. Wir sind sogar der Überzeugung, dass dieses Streben ein notwendiges fundamentales Gesetz unserer Gesellschaft ist. Das gilt sowohl für die Unternehmen als auch für die arbeitnehmende Gesellschaft.

Das Bedürfnis nach mehr Anerkennung durch größere Autos, größere Häuser, grenzenloses Reisen und noch mehr Luxus führt zum Druck auf die gesamte Gesellschaft, weil wir immer mehr leisten müssen, um uns selbst mehr leisten zu können. Möglicherweise ist dieses vorherrschende Denk- und auch Lebensmodell ein Irrtum und befördert uns in ein Hamsterrad, welches die Geschwindigkeit ständig erhöht und zur Eskalation führt.

Wenn wir mit Schallgeschwindigkeit durch unser Leben und auch durch das Leben Anderer rauschen, sollten wir dringend innehalten und unsere Motive und Werte auf den Prüfstand stellen. Die Gier nach Besitz und Geld führt möglicherweise zu dem Ergebnis, dass wir den Sinn unseres Lebens nicht erkennen oder ganz aus den Augen verlieren. Der Hochgeschwindigkeitsrausch kann jederzeit in einem Lebenscrash enden. Nicht nur unser Körper kommt dann unter die Räder, sondern auch unsere Psyche. Unsere High-Speed-Generation muss die Turbulenzen in allen Lebensbereichen meistern. Das funktioniert auf Dauer nur durch Nutzen unserer mentalen Fähigkeiten. Ansonsten verlieren wir die Kontrolle über unsere Energie und unsere Kräfte schwinden. Die mentale Gesundheit ist die Herausforderung für unsere Zukunft. Unsere Gehirne sind überfüllt, weil die Flut von Informationen mit einer fulminanten Geschwindigkeit unsere Kommunikation und damit unser Leben furchterregend manipuliert.

Höre endlich auf mit dem Selbstzerstörungsprozess und dem Selbstbetrug. Das Leben ist natürlich keine Konstante. Wenn du willst, kannst du deinen Fokus jederzeit ändern. Entferne die Viren auf deiner geistigen Festplatte und treffe eine Entscheidung. Keine Entscheidung zu treffen bedeutet meist auch keine persönliche Entwicklung. Das Leben ist dann streng genommen schon gestorben.

Mehr als fünfundneunzig Prozent der Menschen leben nicht ihr wahres Ich. Fühlst du dich angesprochen? Wenn ja, dann darf ich dir ausdrücklich und aufrichtig gratulieren. Du bist an einem magischen Punkt deines Lebens angekommen.

Vertraue darauf, dass alles vorhanden ist, was deinen Talenten und Fähigkeiten entspricht. Es ist Zeit für einen Paradigmenwechsel in deinem einzigartigen Leben.

Der persönliche Salto ist ganz nahe, aber da gibt es noch einige Hürden zu bewältigen. Du kannst festgefahrene Pfade immer verlassen, wenn du es wirklich willst.

Rein ins neue Abenteuer!
Es warten neue Perspektiven auf dich.
Die Entscheidung liegt ganz alleine bei DIR.

Ein selbstbestimmtes
Leben zu führen stösst immer
auf Widerstand!
Na und!
Höre auf dein Herz!
Es kennt deinen Weg!

(Konrad Klar)

GLAUBE AN DICH UND GIB NIEMALS AUF!

In den letzten Jahrhunderten wurde viel über Gedankenkraft geschrieben und gelehrt. Dennoch reicht es nicht aus, nur mit Gedanken sein Leben verändern zu wollen. Es ist die Basis für nachhaltige Veränderungen, aber es braucht wesentliche Ergänzungsbausteine. Wenn du besondere Ziele erreichen willst, ist Mut, Zuversicht und Konsequenz unverzichtbar, um nicht im Sumpf der gewünschten Entwicklung zu versinken.

Wir benötigen einen besonderen Geisteszustand, um die Quelle der inneren Kraft anzuzapfen und so unser ganzes Potential frei zu legen. Nur so öffnet sich das Tor zu einer inspirierenden Ebene. Hier warten viele Geschenke und unendliche Entscheidungsmöglichkeiten auf dich.

Die aus dieser Quelle resultierenden Gefühle sind einzigartig und können schon als ein kleines Wunder bezeichnet werden. Möglicherweise ist die Erkenntnis daraus das Resultat von dem Wissen, was wir als Zugriff auf die kollektive und unendliche Intelligenz unseres Universums definieren. Jedenfalls geht dieses Phänomen über alle unsere Sinne hinaus und ist damit der Schlüssel zu persönlichem und beruflichem Erfolg. Positives Denken allein reicht nicht aus, um in diese neue Welt hinein zu springen. Es ist zwar ein bemerkenswerter Schlüssel, aber es braucht deutlich mehr. Es ist der Anfang und damit eine gute Voraussetzung für unsere weitere permanente Entwicklung!

Hinreichend bekannt ist, dass Angst verbunden mit Sorgen und Zweifel eine ganze Generation lahmlegen und sogar Epidemien auslösen kann. Die aufkommende Panik nimmt ihren Verlauf und Millionen von Menschen steuern ins mentale und physische Desaster. Diese Motivationskiller führen zu einer schleichenden negativen „Routinitis" und können die Balance eines ganzen Landes vernichten.

Der feste Glaube an unsere Fähigkeiten und Möglichkeiten kann Berge versetzen und uns aus dieser Abwärtsspirale herauszaubern. Es lohnt sich besonders, in diesem Zusammenhang konsequent die Dinge und Qualitäten einmal aufzulisten, die wir besonders gut beherrschen und für uns ein echtes Geschenk bedeuten.

Mache einmal in den nächsten Minuten eine persönliche Inventur und schreibe deine besonderen Fähigkeiten auf. Nimm dir Zeit und freue dich auf das, was du an EINZIGARTIGKEIT herausfilterst. Lese also erst dann weiter, wenn du diese Aufgabe intensiv erledigt hast.

Diese kurze Übung zur Selbstfindung ist natürlich kein „Muss", aber es wird dich auf jeden Fall persönlich sehr bereichern und deinen Selbstwert deutlich beflügeln.

Sei mal richtig gut zu dir und finde heraus, was für ein wunderbarer und einmaliger Mensch du bist. Bewundere dich selbst, komme ins Staunen und freue dich über deine Talente und Fähigkeiten. Ja! Du bist gemeint! Genieße diesen Moment jetzt intensiv!

Sei dankbar und glücklich, dass du andere Möglichkeiten in dir entdecken kannst, die dir bisher noch nicht so vertraut waren. Habe den Mut, deiner inneren Eingebung zu folgen. Mit einer neuen Energie setzt du ein neues Abenteuer in Gang, wenn du die Initiative ergreifst. Die Menschen in deinem Umfeld werden von dir profitieren, wenn sie es wirklich wollen. Wenn sie nicht wollen, ist es auch in Ordnung.

Passe dein Leben nicht an Andere an, sondern an deine Persönlichkeit und an deine inneren Werte. Dann vertraue dir und genieße neugierig dein Leben.

Niemand weiß, wie lange noch die Möglichkeit dazu besteht. Also lege dein schweres Kreuz aus der Vergangenheit ab, um deinen Rücken von der Last zu befreien. Dein Körper und dein Nervenkostüm werden es dir danken, weil du entscheiden kannst, nicht mehr perfekt und vollkommen sein zu wollen. Gehe deiner Zukunft mit Leidenschaft und Begeisterung entgegen. Wenn du tief in dir den Wunsch spürst, dein Leben zu verändern und du nicht mehr warten willst, um deine Träume zu leben, dann lasse dich nicht aufhalten und laufe los in dein neues Leben.

Natürlich stößt Neuorientierung immer auf Widerstand, aber mache dieses Szenario nicht zu deinem Problem. Wenn du dich gegen die Veränderung wehrst, wird das Leid und der Schmerz in dir nur noch größer, weil du spürst, dass du den Versuch gerne wagen würdest. Du hast möglicherweise schon mal die Situation erlebt, als du einen Entschluss gefasst hattest, aber dann wieder verworfen hast. Ist dir das schon mal passiert? Hast du diese Entscheidung vielleicht bereut? Wer hatte dich beeinflusst? Würdest du heute wieder genauso handeln?

Lasse dich nicht von Anderen und von äußeren Einwirkungen und Argumenten beeinflussen, wenn du von deinem Ziel überzeugt bist. Pessimisten sind keine wirklichen Freunde. Menschen, die von Ängsten predigen, gehören nicht in unsere Gesellschaft. Wir brauchen motivierende Zeitgenossen. Ersetze doch mal das Wort „Angst" durch „Aufregung"! Interessant oder? Wie fühlt sich das bei dir an? Welche Botschaft versteckt sich hier für dich?

Der Drang und der Wunsch etwas Neues zu erleben ist uns angeboren. Wenn du deine Perspektive veränderst, veränderst du dein Leben. Also los! Zieh die Fahrkarte für das nur für DICH bestimmte Leben!

Wenn dir diese Idee und Erkenntnis gefällt, solltest du dich dafür begeistern. Entscheide dich hin und wieder für den Ausstieg aus der Onlinewelt, lasse die Medien in die Nebenrolle schlüpfen und genieße den Offlinemodus. Wo deine Aufmerksamkeit ist, da ist auch deine gesamte Lebensenergie. Glücklichsein ist kein Ziel, sondern eine Art zu leben. Du brauchst keinen Grund zum Glücklichsein und auch keine konkrete Bedingung.

Sei jetzt und heute glücklich. Du wirst dein Leben mit dieser einfachen Entscheidung verändern. Möglicherweise wirst du es sogar retten. Es ist an der Zeit, dein Leben zu leben.

Sei einfach frei!
Sei kreativ!
Beginne, verändere, spiele
und geniesse magisch jede
Entscheidung, jedes Erlebnis,
jeden Traum und jeden Impuls.

(Konrad Klar)

KRAFTVOLLE IMPULSE DURCH RUHE UND GELASSENHEIT

Kennst du die Situationen, wo du genervt bist und du am liebsten vor deinem Umfeld fliehen möchtest? Alles um dich herum bedrückt dich, ist laut, reizt dich und lässt dich nahezu explodieren. Das Fass läuft über und du willst nur noch weg! Welches Fass ist das eigentlich? Warum ist das so? Der Trichter läuft über, der Energiekreislauf ist verstopft und dein Leben kotzt dich einfach nur an.

Keine Panik, denn du bist in guter Gesellschaft mit Millionen von Menschen. Der Stress hat mal wieder zugeschlagen und du bist das Opfer dieser bedrückenden Emotion. Die Gründe können Angst, Zweifel, Sorge, Reizüberflutung, zu wenig Freiheit und mangelnde Liebe sein. Die Machtlosigkeit über das eigene Leben wird plötzlich offensichtlich und wir stellen die Sinn-Frage. Wir sind in den Tunnel geraten, wo wir gerne von Sinnlosigkeit sprechen. In diesen Momenten scheinen wir den Kontakt zu uns selbst verloren zu haben und wir befinden uns in der Situation, wo wir keinen Ausweg mehr sehen.

Unser Leben ist laut geworden, der Lärm erdrückt uns und wir verlieren die Kontrolle. Wir sehnen uns plötzlich nach einem sicheren Hafen, der uns Zuversicht, Ruhe und Freiheit gibt. Unser körperliches, geistiges und seelisches System hat den Alarmknopf gedrückt und gibt uns den Hinweis, dass eine Korrektur notwendig ist. Raus

aus dem Lärm und hinein in die überlebensnotwendige Ruhephase ist ein entscheidender Schritt, um wieder die Harmonie zu sich selbst zu finden.

Einfache Maßnahmen wie ein Spaziergang in die Natur oder eine kleine Meditation beschäftigen unseren Geist und bringen uns wieder in Kontakt mit unserer inneren Kraftquelle und damit mit uns selbst. Tiefe Entspannung gehört zum besten Heilungsmittel der Welt und lässt unsere Welt einfach mal still und leise sein. Wir wollen in diesen Momenten nichts mehr haben, fühlen uns im SEIN und vergessen das „Habenwollen". In diesen Lebensphasen spüren wir, dass wir mehr befreiende Augenblicke ohne permanente Beschallung und Manipulationen brauchen, um unser geschenktes Leben mit Aufmerksamkeit und Dankbarkeit zu genießen.

Wir können in diesen erfüllenden Momenten zudem lernen, dass in unserem Leben Geduld ein verlässlicher Begleiter ist. Der Drang und die Sucht nach Kontrolle und Optimierung rückt für eine gewisse Zeit in den Hintergrund. Das Streben nach Perfektion kann auch das Gegenteil bewirken, weil es einen starken Druck auf unsere Psyche erzeugen kann.

Unsere Erde dreht sich auch ohne uns. Also lassen wir dem Leben einfach mal seinen freien Lauf und genießen die vielen kleinen Wunder, die sich vor uns und in uns entfalten! In diesen Erholungsphasen erzielen wir den zusätzlichen Nebeneffekt, dass wir den Raum für unsere Intuition schaffen und damit unsere innere Stimme wieder aktivieren. Nur wenn wir nicht im Gestern oder im Morgen denken, können wir unseren inneren Wegweiser hören. Wenn ich im Hier und Jetzt bin, kann ich meine Entscheidungen aus dem Bauch heraus verlässlich treffen. Der unendlich große Erfahrungsspeicher unseres Unterbewusstseins ist ein zuverlässiges und wunderbares Kraftwerk. Es hält phänomenale und sensationelle Impulse für unser Leben bereit.

Unser logisches Verständnis ist sicher ein guter Helfer, aber wenn wir immer wieder unsere Intuition sensibilisieren, werden wir die Herausforderungen des Lebens gelassener, aufmerksamer und kraftvoller bewältigen. Unsere Intuition ist immer da und damit grundsätzlich abrufbereit. Nur wenn unser Verstand zu laut ist, versteckt sie sich. Wir sehen mit unseren Augen nur acht Prozent des vorhandenen Spektrums. Zweiundneunzig Prozent der Wirklichkeit können wir also gar nicht sehen. Trotzdem ist sie aber vorhanden. Durch unsere Intuition können wir erreichen, dass wir hundert Prozent der Wirklichkeit wahrnehmen können. Wir müssen allerdings auf Empfang programmiert sein. Intuition kann als eine Art von Erinnerung definiert werden und ist ein Sehen mit unserer Seele, also ein Sehen nach innen. Durch die Zivilisation sterben einige unserer Sinne ab und so erfassen wir leider nur noch oberflächlich. Deine Intuition ist ein äußerst verlässlicher Partner und hält grundsätzlich jede Antwort für dich bereit. Der feste Glaube daran ist nichts anderes als eine bestimmte energetische Schwingung und wirkt wie ein starker Magnet.

Wenn wir zu den kopfgesteuerten Menschen gehören, laufen wir häufig „kopflos" durch das Leben. Der wahre Glanz kommt allerdings immer aus unserem Herzen, denn unser Herz ist der Meister und unser Verstand ist der Diener. Unser Herz klärt die Vision unseres Lebens und der Verstand klärt die notwenigen Schritte. Mach dir bewusst, was das Wichtigste in deinem Leben ist und was du wirklich gerne tust. Dann treffe die unwiderrufliche Entscheidung für deine Lebensvision. Versuche es nicht nur, sondern tue es.

In meinen Büchern werde ich nie müde darauf hinzuweisen, dass du dir dein persönliches Glückstagebuch schreiben sollst, denn damit schreibst du dein einzigartiges Lebensskript mit tausenden unvergesslichen Momenten. Bei jeder Entscheidung, die du triffst, ist es ein verlässlicher Begleiter in deinem hoffentlich bunten Leben. Ein Buch nur für dich allein mit wichtigen Impulsen, Fragen und Erkenntnissen. Durch diese geschriebenen Erfahrungen wird sich deine Intuition wieder präsenter zeigen und dich in vielen Lebenssituationen unterstützen und Lösungen hervorzaubern. Intuition ist ein geistiges Geschenk und hat auch den Hauch von einer geheimnisvollen Kraft, da wir nicht genau wissen, woher sie kommt. Wir können die Intuition am besten im Entspannungszustand trainieren und so achtsam und aufmerksam unseren inneren Frieden erleben. Dadurch erreichen wir auch, dass unsere beiden Gehirnhälften in Balance sind. Insbesondere kommt die logische linke Gehirnhälfte zur Ruhe. Wenn wir diesen Vorgang dann noch durch gezielte Atemtechnik unterstützen, öffnet sich das Tor zur inneren kraftvollen Quelle noch schneller.

Nutze dieses Phänomen. Es wartet ein verborgener Schatz, der von dir geweckt werden will. Entdecke wieder die Gefühle, die du in deiner Kindheit gelebt und geliebt hast. Lasse nicht zu, dass du in der Isolation gefangen bleibst. Gib dir die Erlaubnis all das zu tun, was dir wirklich gut tut und alles was dir Freude macht. *Deine Sehnsucht lässt sich nicht besiegen, denn sie ist ein Zeichen für dich, dass du deine Träume und Visionen noch nicht lebst.*

Finde also heraus was du willst und was du nicht willst.
Verschiebe nichts auf morgen, sondern beginne „JETZT".

Glücklichsein ist kein Ziel.
Glücklichsein ist eine Art zu leben.
Du brauchst keinen Grund
und keine Bedingung!
Sei jetzt, sei heute glücklich.

(Konrad Klar)

TUE ALLES MIT BEGEISTERUNG UND LEIDENSCHAFT

Die Geschichte der Menschheit lebt von Träumern und Visionären, die sich weigern, sich der vermeintlichen Realität zu ergeben. Sie sind anders als alle anderen. Diese Menschen wissen um die geniale gedankliche Macht, die sie besitzen, um ihre eigene Wirklichkeit zu erschaffen. Sie trainieren ihre Zauberwerkzeuge immer wieder und sind begeistert von ihren Ideen. Sie wissen, dass ihre Vorstellungskraft der Schlüssel zur Verwirklichung von Träumen und Visionen ist. Nur ein einziger Gedanke kann unsere Welt vollkommen aus den Angeln heben.

Dein Leben ist ein wunderbares Geschenk. Mach damit, was du wirklich willst. Trainiere also täglich für dein persönliches Glück, sei geduldig und leiste keinen Widerstand, denn Geduld und Beharrlichkeit ist echte Liebe und zwar zu dir selbst. Die bedingungslose Voraussetzung für ein erfülltes Leben ist, dass wir nur im Augenblick, im Hier und Jetzt glücklich sein können. Der wahre Brennpunkt des Lebens kann immer nur der aktuelle Moment sein. Da findet dein Leben statt und nirgendwo sonst. Alles andere ist reine Illusion. Basta!

Natürlich ist das eine anspruchsvolle Aufgabe, aber genau da liegt auch die Chance. Mach die gewohnte Routine, die dich genau bis an den jetzigen Punkt gebracht hat, zum Schlüssel deiner Veränderung. Lenke deine

Konzentration konsequent auf den jetzigen Moment und gebe ihm die volle Aufmerksamkeit. Beobachte einmal einen Golfspieler beim Abschlag und verinnerliche die magischen Abläufe. An diesem Beispiel kannst du eine entscheidende Lektion für dein Leben lernen Visualisierung, Konzentration, Abschlag und Spiel sind die faszinierenden Bausteine für eine mentale Spitzenleistung. Routinierte Abläufe können also auch enorme Vorteile haben, wenn diese unsere Herzenswünsche erfüllen.

Es ist ein Dilemma, dass unsere Gedanken zum Großteil ins Gestern, in die Vergangenheit, auf Morgen und in die Zukunft gerichtet sind. Das ist echte Lebensverschwendung. Wir verpassen durch diese Haltung die traumhafte Schönheit des Augenblicks. Wir verpassen den idealen Zeitpunkt, wo sich unser Leben so richtig glücklich anfühlt. Warum? Na klar, weil wir uns selbst mit möglichen Sorgen der Zukunft oder belastenden Erlebnissen aus der Vergangenheit torpedieren.

Uns ist jede Motivation willkommen, um uns dem schleichenden Virus in der Gesellschaft anzuschließen. Wir greifen nach Besitz, nach Geld und wollen die Macht über Andere haben, mit dem Ziel glücklich zu werden. Das Hauptproblem unserer Gesellschaft ist, dass wir glauben, unser Einkommen muss sich jedes Jahr erhöhen. Diese Meinung scheint ein lebensnotwendiges Übel zu sein. Was ist, wenn dieses Denken alles nur ein Irrtum ist?

Was ist, wenn das alles nur eine Illusion ist?

Ok, vielleicht kommen bei dir spontane Zweifel auf, ob du hier weiterlesen sollst. Ich möchte dir jedoch die dringende Empfehlung geben, dass du dich den folgenden Fragen einmal stellst:
Lasse aufkommenden Antworten, Ideen, Wünschen und Vorstellungen beim Beantworten dieser Fragen freien Lauf. Es warten grenzenlose Möglichkeiten auf dich.

- *Was willst du wirklich?*
- *Was würdest du tun, wenn du wirklich frei von allen Zwängen und Verpflichtungen wärest?*
- *Was wäre geschehen, wenn du mehr auf die Impulse deines Herzens gehört hättest?*
- *Hattest du schon mal einen inspirierenden Gedanken, einen Traum oder eine Vision, wo du total ins Schwärmen gekommen bist?*
- *Gibt es eine Sehnsucht in dir, die du dir gerne erfüllen würdest?*
- *Lebst du dein Leben selbst oder ist dein Leben eher fremdbestimmt? Geben andere die Regeln für dich vor?*
- *Macht dir dein Job wirklich Spaß? Würdest du diesen Beruf auch ausüben, wenn du kein Geld dafür bekommen würdest?*
- *Was wäre, wenn dein Leben nur eine Reise ist und du diese Reise umbuchen könntest? Was würdest du tun und wie würdest du dich entscheiden?*

Manchmal ist es Zeit für eine intensive Inventur deiner wichtigsten Lebensbereiche. Viele Menschen erkennen, dass irgendetwas im Leben nicht stimmt. Sie spüren ein seltsames Gefühl in ihrem Körper. Allerdings tun sie nichts dafür, um herauszufinden, warum das so ist! Schade!

Wir brauchen eine Art neues Engagement, weil die Balance im Leben fehlt. Mit deinem Auto fährst du regelmäßig in die Inspektion! Was ist mit deinem Leben? Wie behandelst du dich selbst? Ignorierst du die Ölleuchte im Display deines Wagens? Natürlich nicht. Ab in die Werkstatt, heißt es dann.

Was ist mit deinem Motor? Läuft der mit Leidenschaft, Begeisterung und bist du wirklich dankbar für jeden Tag, jede Stunde und jede Minute? Oder gehörst du zu der wachsenden Community der Jammernden und Pessimisten, die angriffslustig den Niedergang unserer Gesellschaft propagieren? Dann ist es allerhöchste Zeit für eine Lebensbestandsaufnahme.

Verschiebe deine Entscheidungen nicht in die Zukunft. Wenn du das tust, ist es eine Form von Widerstand. Deine Inspiration und deine Handlungen werden gelähmt. Wähle die abenteuerliche Variante, höre auf dein Herz und tue es jetzt, denn es warten spannende Momente auf dich. Mache dich mit dem Unvertrauten vertraut, denn nur so kannst du Vertrauen in deine Handlung bekommen. Erlebe das Gefühl, was du vorher nicht gekannt hast!

Schenke dir endlich mehr Glücksmomente, denn sie machen nicht nur deinen Körper, sondern auch deinen Geist glücklich.

Los geht's!
Lass dich nicht aufhalten!

Das grösste Geschenk,
das du jemals bekommen hast,
ist dein **Leben** selbst.

Sei dankbar!
Sei lebensfroh!
Sei optimistisch!
Sei mutig!
Sei abenteuerlich!

Sei du selbst!

(Konrad Klar)

REIN IN DAS ABENTEUER DEINES LEBENS

Den gewünschten Kurs im eigenen Leben zu halten oder sogar zu verändern ist eine anspruchsvolle Herausforderung. Ziele erreichen und Erfolg haben ist grundsätzlich für alle Menschen möglich. Natürlich ist es kein Produkt von irgendwelchen Zufällen.

Mit der Entscheidung für ein neu gewähltes Ziel oder eine grundsätzliche Veränderung beginnt ein dynamischer und abwechslungsreicher Prozess. Deshalb ist eine konsequente Prüfung deiner Vision und deines Ziels sehr wichtig. Möglicherweise ist es auch völlig in Ordnung, wenn du dich für ein Leben in der angenehmen und wohlfühlenden Komfortzone entscheidest. Du kannst das tun, was du eben immer schon getan hast. Wenn du dich mit automatisierten Prozessen, der Bewältigung von immer wiederkehrenden Anforderungen zufrieden gibst und die Routine als Garant für das Gelingen siehst, ist die Wohlfühlzone möglicherweise sogar deine Erfüllung. Eine gründliche persönliche Analyse ist hilfreich, um herauszufinden, was du wirklich willst.

Fragen nach dem Warum sind Impulsgeber bei der Entscheidungsfindung, da wir eine zukünftige Veränderung immer bestätigt haben möchten. Da wir uns im Laufe unseres Lebens jede Menge Glaubensverhaltensmuster und Überzeugungen angeeignet haben, werden diese regelmäßig auf den Plan gerufen, um mögliche und gewünschte Veränderungen abzuwägen. Hier ist die intensive Betrachtung des Komfortzonenmodells sehr hilfreich, da es die einzelnen Phasen der Widerstände und Stolpersteine deutlich aufzeigt.

Erfolgsdenken bedeutet nicht nur beruflich hochzuklettern, sondern kann auch im privaten Bereich überragende Ergebnisse zu erzielen. Glückliche Beziehungen und Kinder zu selbstbewussten Persönlichkeiten zu entwickeln, kann jeden monetären Reichtum mit Leichtigkeit verdrängen. Du musst nämlich gar nichts, sondern darfst dein Leben selbstverantwortlich so gestalten, wie es dir gefällt. Tue das, was du tun würdest, wenn du keine Angst hättest. Tue das ganz bewusst im Vertrauen auf deine Fähigkeiten und lasse Vergangenes los. Grundsätzlich hält dich die Furcht gefangen. Also lasse sie los und gehe einen neuen Weg. Spaß, Freiheit und neue Abenteuer sind das Resultat, wenn du ein farbenfrohes Bild in deiner Vorstellung kreierst, welches du dir aus tiefstem Herzen wünschst. Betrachte dieses Bild mit allen deinen Sinnen und genieße das Erleben dieses gewünschten Zustandes und zwar so, als hättest du es schon erreicht.

Das ist eigentlich ganz leicht. Wenn du einen klaren Plan mit einem klaren Bild hast und wenn du weißt, wo du beginnst und wo die jeweiligen Etappen zu Ende sind, dann kontrollierst du dein Stresssystem und hältst es in Balance, weil du die Meilensteine deines Lebens erkennst und diese in deinem Plan verankert sind.

Unser Gehirn bevorzugt bekannte Wege und nutzt gemachte Erfahrungen, weil diese abgespeichert sind. Dabei verändert sich unser „Betriebssystem“ und wechselt infolgedessen vom Energiesparmodus in den Hochleistungsmodus. Neues wird eben mit Altem verknüpft. Wiederkehrender und anhaltender Stress in bestimmten Lebenssituationen bedeutet möglicherweise, dass getroffene Entscheidungen geprüft werden sollten. Hinterfrage ausführlich, warum dieser Stress auftritt. Erkenne auftretende Signale und stelle die Weichen, um die Spur zu wechseln. Frage dich, ob du das, was du gerade tust, für dich machst oder für jemand Anderen? Sind es deine Motive? Sind es deine Werte? Sei ehrlich und aufrichtig und offen für deine Zukunftsverwirklichung, denn da wirst du leben.

Das Ziel ist nicht Perfektion. Das Ziel darf auch mal gerne Unvollkommenheit sein. Verschleppungstaktik und Aufschieberitis führen zur selbsterfüllenden Prophezeiung nach dem Motto: „Es ist noch nicht der richtige Zeitpunkt, ich kann das noch nicht, ich bin nicht gut genug, ich schaffe das nie, andere haben es leichter als ich.“ Es ist ein Dilemma, was mit diesen festverankerten Denkmustern in Gang gesetzt wird. Welche Glasscheiben tragen wir in unserem Kopf? Warum bauen wir uns immer wieder Hindernisse auf? Mit solchen Überzeugungen setzen wir uns selbst unüberwindbare Grenzen. Mit voller Kraft treten wir auf das Bremspedal unserer persönlichen Entwicklung und berauben uns so der möglichen Fantasie und Kreativität, die in uns steckt.

Alfred Adler gilt als der Entdecker der Individualpsychologie. Er ist der festen Überzeugung, dass der Mensch alleine die Verantwortung trägt, ob er sich für das Glücklichsein entscheidet oder auch nicht. Er ist der Erste, der sich mit den frühkindlichen Prägungen beschäftigte. Nach seiner ausführlichen Analyse ist er sich sicher, dass sich das Unterbewusstsein durch konkrete, frühkindliche Umwelteinflüsse und Erfahrungen entwickelt. Das soziale Umfeld und auch die Art, wie ein Kind damit umgeht sind wesentliche Faktoren. Mutig und neugierig können wir entscheiden, ob wir die Freiheit unseres Lebens genießen möchten. Wir alleine entscheiden, ob wir die Grenzen dort lassen wo wir sie sehen oder ob wir mit abenteuerlicher Freude beginnen diese Grenzen zu sprengen. Nur diejenigen, die den Mut, die Konsequenz und den festen Glauben haben ihr Leben zu leben, werden glücklich sein. Sie sagen der möglichen bisherigen Fremdsteuerung durch Andere adé und leben ihr Leben nach ihren eigenen Werten und Vorstellungen.

Eine wesentliche Erkenntnis in unserem Lebensprozess ist, dass wir nicht von Allen gemocht oder gar geliebt werden können. Von dieser Illusion kannst du dich liebevoll verabschieden und mit dieser Entscheidung stößt du das Tor zu einer neuen Lebensdimension auf. Wer nur sympathisch sein will, vergeudet sein Leben und kettet sich an Menschen, die uns beeinflussen. Wir laufen Gefahr, unsere Authentizität nie zu entdecken und nie leben zu können. Wir sind Opfer und nicht Gestalter unseres wunderbaren Lebens. Wir vergeuden möglicherweise unser Leben, weil wir auf Andere hören und nie den ersten Schritt wagen. Höre auf dein Herz und akzeptiere dich so wie du bist und lass dich nicht durch irgendwelche Scheinargumente aufhalten.

Wir alle sind Lehrlinge des Lebens. Nimm die Menschen wie sie sind. Mit Dankbarkeit, Achtsamkeit und Aufmerksamkeit kannst du viel lernen und neu entwickeln. Du musst nicht den Superheld spielen, aber du kannst mit einem klaren und harmonischen Selbstbewusstsein dein Leben in die gewünschte Richtung lenken und auch viele Menschen begeistern, die sich in deiner Nähe wohl fühlen.

Das Leben ist wahnsinnig schön! Genieße es! Sollte es dennoch mal Widerstand dir gegenüber geben, manifestiere dir die wichtigsten Worte: „Na und! Es ist mein Leben! Ja, es ist meine Lebensreise!“

"Wir sollten lernen,
mit den Augen der Kinder zu sehen,
mit den Ohren des Kindes zu hören,
mit den Herzen des Kindes zu fühlen“

(Alfred Adler)

VERTRAUE DIR UND SEI DANKBAR FÜR ALLES

Eine besondere und zugleich faszinierende Aufgabe in unserem Leben ist es, das zu tun, was uns wirklich Freude macht. Deshalb lohnt sich immer wieder der intensive Blick auf die erste kindliche Phase unseres Lebens. Als Kinder müssen wir uns besonders in den ersten Lebensjahren anpassen, da die Erwachsenen als „Meister des Lebens“ die Regeln vorgeben möchten. Häufig tun sie es so wie sie es selbst erlebt haben. Sie machen es nicht wirklich bewusst. Das Neugeborene ist sich noch der Liebe seiner Eltern sicher. Allerdings merkt das Kleinkind schnell, dass es Liebe nur im Tauschgeschäft gibt. Es gelten auf einmal Bedingungen. In der ersten Lebensphase schreiben wir als Kind fast täglich neue Geschichten oder ein neues Kapital auf, weil wir immer wieder etwas zum ersten Mal tun!

Die Entdeckung von spannenden Situationen läuft auf Hochtouren und macht unser Leben abwechslungsreich und einmalig. Spätestens mit der Einführung in die Schule schwindet die Neugier etwas, weil die gesellschaftlichen Zwänge und Pflichtaufgaben zur Tagesordnung gehören und uns einschränken. Der Drang und auch der Wunsch, etwas Neues auszuprobieren, wurde uns als Geschenk mit in die Wiege gelegt. Die These, dass Kinder „machtlose“ Menschen sind, kann schon bejaht werden, weil Kinder in erster Linie gefallen wollen oder sogar müssen. Deshalb können sie ihre Vorhaben und Wünsche nur eingeschränkt genießen.

Die kleinen Sprösslinge sind bereits ab Geburt einzigartige spirituelle Wesen. Sie besitzen ein grenzenloses Potential an Fantasie, Kreativität, Fröhlichkeit, Neugier, Lernbereitschaft, Offenheit, Vertrauen, natürliche Intelligenz, Liebe zum gesamten Dasein und sie sind völlig urteilsfrei in ihrem Denken. Für die Entfaltung ihrer Persönlichkeit sind diese Eigenschaften und Fähigkeiten optimale Voraussetzungen.

Erst das Leben mit den „erwachsenen" Menschen lässt die mitgebrachten Eigenschaften und Fähigkeiten nach und nach vergessen, zumal diese als Vorbild dienenden Menschen zunehmend selbst unter ständigem Leistungsdruck stehen und mit hohen Erwartungen ihr Leben zu meistern versuchen. Die notwendige Zuwendung und Achtsamkeit für die kindlichen Entwicklungen bleiben häufig aus oder kommen einfach zu kurz. Mögliche Doppelbelastungen aus Familie und Beruf lassen keine Zeit für Ruhe und Stille. So wird die Balance des Lebens zu einer permanenten Herausforderung. Schule und Beruf entwickeln oft den Kopfmenschen. Die Herzensentwicklung und die Sinnfindung für das eigene Leben bleiben auf der Strecke. Für die Ablenkung und die daraus entstehenden Konsequenzen für unsere Kinder sind die Eltern und auch die Schulen mit verantwortlich. Ständiger Zeit- und Termindruck, hohe Anforderungen und immer wieder die „Zeit“ im Nacken lassen den dynamischen Stressfaktor unkontrolliert eskalieren. Die kindlichen Erfahrungen von Ablehnung, Streit, Trennung, Neid und weiterer Tugenden bringen unsere Gesellschaft immer mehr in Bedrängnis. Dadurch entstehen oft Wunden und damit verbundene Schmerzen, die sich verkapseln und zum Rückzug mit möglichen unabsehbaren Folgen führen können.

Eltern stehen häufig vor enormen Herausforderungen, wenn sie mit schwierigen Fragen und Aussagen ihrer Kinder konfrontiert werden. „Mutti, ich schaffe das einfach nicht, ich kriege Mathe nicht in meinen Kopf.“ „Meine Freundin hat in Englisch eine 1.“ „Warum muss ich in die Schule gehen?“ Obwohl die Eltern grundsätzlich für ihre Kinder das Beste wollen und wünschen, schrauben sie die Ansprüche doch ziemlich hoch, denn sie wollen, dass ihr Kind im Mittelpunkt steht und positiv auffällt. Persönliche Stärke und Durchsetzungsvermögen sind selbstverständliche Tugenden, die erwartet werden.

Völlig normal sollte sein, dass sie sich in der Familie einfügen, zielorientiert lernen und auch noch mit Eigeninitiative die notwendigen Schritte für die schulische Qualifikation meistern. Ganz schön viele Anforderungen, die unsere Kinder erfüllen müssen. Wenn unsere Sprösslinge alle diese Verpflichtungen nicht zufriedenstellend erledigen, gibt es Kritik, Hausarrest und auch Drohungen. Unser Denken ist eben auf Fehler und Schwächen ausgerichtet. Wenn Eltern ihre Zuneigung entziehen, fühlt sich das für ein Kind wie eine Katastrophe an. Liebesentzug ist Gift und bedeutet die Höchststrafe. Leider werden Kinder oft gerügt oder auch bestraft, wenn sie nicht das tun, was die Eltern von ihnen erwarten.

Wenn Kinder denken: „Ich habe nur einen Platz, wenn ich gefalle und nicht enttäusche", kann dieses Denken gravierende Folgen haben und zu einem inneren Phantom werden. Es kann jegliche Entwicklung beeinträchtigen und den Weg zu einer einzigartigen Persönlichkeit folgenschwer einschränken. Diese Erlebnisse und Prägungen können weitreichende Folgen haben. Noch als erwachsener Mensch machen sich diese Prägungen bemerkbar und das einstige Kind strengt sich an, den Platz zu erkämpfen, wo es Bestätigung, Anerkennung und Wertschätzung findet. Das kann einem Irrlauf durch die Wüste gleichkommen, weil das ehemalige Kind seinen Überzeugungen treu bleibt. Dann findet Leben im Sparmodus statt und die Entwicklung der eigenen Persönlichkeit wird ausgebremst.

Kinder zu erziehen und zu entwickeln ist nicht das Auffüllen eines Eimers, sondern das Entfachen eines Feuers! Die klare Botschaft lautet deshalb: Liebe deine Kinder, egal was sie tun! Mentale Fähigkeiten und damit einhergehend mentale Stärken und grenzenloses Vertrauen zu entwickeln, sind die wichtigsten ganzheitlichen Kompetenzen, die wir unseren Kindern in ihren früheren Lebensjahren mitgeben sollten. Liebe, Freude, Selbstvertrauen, Eigeninitiative, Potentialförderung und Willensstärke sind nur einige positive Faktoren, die die Lebensmeisterung wesentlich vereinfachen und gleichzeitig auch enorm bereichern. Der Grundsatz für lernwillige, neugierige und leistungsfähige Kinder wird durch mentale Stärke optimal ergänzt.

Wenn wir unsere Kinder, und übrigens gilt das auch für Erwachsene, sogar bis ins hohe Alter, darin bestärken, was sie richtig gut können, erleben und spüren sie höchste Zufriedenheit und pure Lebensfreude. Deshalb ist es sehr hilfreich, wenn wir regelmäßig die Gelegenheit nutzen und mit unseren Kindern die Übung „Was ich besonders gut kann“ zu machen:
„Ich kann gut…“
„Mir macht es richtig viel Spaß, wenn ich…“
„Ich sprühe vor Freude, wenn…“
„Mit Begeisterung und Leidenschaft bin ich dabei, wenn…“

Diese Übung kannst du beliebig erweitern. Eine weitere Möglichkeit ist, dass du alle Stärken und beflügelnden Gefühle auf ein großes Blatt Papier schreibst und dann mit bunten Stiften ein farbenfrohes Bild daraus kreierst. Du kannst das mit einem farbenfrohen Regenbogen, einer strahlenden Sonne, einem blühenden Baum oder einer anderen beliebigen Idee ergänzen. Deiner Kreativität sind hier keine Grenzen gesetzt. Tue das, was dir wirklich Spaß macht.

Kinder so zu entwickeln und zu motivieren, dass sie mental stark durch das Leben wandern, führt zu einem starken und ausgeprägten Selbstvertrauen und Selbstbewusstsein. Diese Tugenden sorgen dafür, dass attraktive Ziele eher erreicht werden und ins Leben gezogen werden. Wenn wir unsere Kinder dafür begeistern können, dass durch eigene Motivation die besten Ergebnisse erzielt werden, dann haben wir eine Meisteraufgabe hervorragend gelöst. Alles ist möglich, wenn wir die innere Kraftquelle anzapfen und diese starke Kraft zu unserem wichtigsten Verbündeten machen!

Ziele sind grundsätzlich nur dann erstrebenswert, wenn sie aus eigener Initiative entstehen und wirklich von uns selbst gewollt sind. Vorgaben und Anweisungen an Kinder sind eher eine Kraftprobe für die gemeinsame Lebensqualität aller Beteiligten.

Es lohnt sich deshalb, unsere Denkstruktur immer wieder zu hinterfragen und unserem Ego nicht so viel Raum zu geben. Unsere Kinder brauchen unser grenzenloses Vertrauen und zwar so, dass es an keine Bedingung geknüpft ist. Selbstständiges Denken ist ein Anspruch, den

Kinder für sich in Anspruch nehmen wollen. Lehrer, Eltern, Freunde und die Umwelt sind dafür da, um diese Entwicklung und damit das Selbstvertrauen dieser einzigartigen Menschen zu stärken.

Wenn wir Kinder bei ihrem freien Denken fördern und sie für ihren Mut, ihre Neugier, für ihre Ideen und ihre Kreativität loben, leisten wir einen sensationellen Beitrag für ihre Persönlichkeitsentwicklung. Das Motto: „Lass Dich nicht denken, sondern tue es selbst." ist dann eine erfüllende Erkenntnis, die wahre Wunder vollbringen kann!

Unsere Aufgabe kann nur darin bestehen, Kinder so zu begleiten, dass sie ihre Lebensziele so früh wie möglich erkennen, ihren eigenen Weg gehen und so ihre Potentiale optimal entfalten können. Entscheidend ist, dass sie sich also selbst verwirklichen können. Insofern sollten wir unsere Kinder nicht erziehen oder gar „dressieren", sondern ihre natürliche Begabung fördern. Wir sind auf diesem Planeten, um ein glückliches und freies Leben zu führen, um mit Freude und Leidenschaft unser Leben zu gestalten. Wir dürfen nicht zulassen, dass Kinder und Jugendliche sich fremd werden. Vielmehr gilt es die Motivation anzuschieben, damit diese mit Lebensfreude, Mut und Vertrauen den eigenen Weg gehen!

Vor mehr als zweitausend Jahren hat der römische Kaiser Hadrian folgendes festgestellt: „Unser Hauptfehler liegt in dem Versäumnis, die in einem Menschen vorhandenen Tugenden zu fördern. Stattdessen verlangen wir von ihm Tugenden, die er nicht hat!" Wissenschaftler behaupten, dass jedes Kind intelligent und grenzenlos begabt ist, aber nur so lange bis es in die Schule kommt. Das bedeutet doch, dass ein Kind bis zum siebten Lebensjahr schon etwa siebzig Prozent von allem, was es in seinem ganzen Leben lernen kann, bereits gelernt hat. Folgerichtig würde das bedeuten; wenn ein Mensch 80 Jahre alt wird, dann hat er 73 Jahre gebraucht, um die restlichen dreißig Prozent zu lernen. Offensichtlich läuft da einiges falsch, was dazu führt, dass der Mensch irgendwie aufgehört hat zu lernen und beginnt stumpfsinnig zu werden. Werden die Menschen wirklich erwachsen oder werden sie nur größer? Wenn man einen Siebzigjährigen beispielsweise beleidigt, verwandelt dieser sich in Sekunden in einen Zehnjährigen. Er benimmt sich auf eine Art und Weise, dass niemand den Eindruck hat, einen Erwachsenen vor sich zu haben. Sein wahres Alter liegt nur hinter der dünnen Fassade seiner Persönlichkeit. Sobald man an dieser Oberfläche kratzt, zeigt sich das wahre Alter, egal wie alt der Körper auch sein mag.

Welche Entwicklungsstufen hat dieser beispielhafte Mensch genommen? Welche Lektionen wurden wahrgenommen oder gelernt? War das Leben nur eine Durchreise? Die prägenden Glaubenssätze beeinflussen unsere Handlungen deutlich und haben ihren historischen Ursprung, denn irgendwann haben wir diese Überzeugungen verinnerlicht und so zu unserem Glaubensmuster gemacht. Wieso kannst du es nicht, wenn du es erst gar nicht wirklich probiert hast? Erkläre es mir! Geht nicht? Du hast keinen Beweis dafür. Du glaubst nur, dass du es nicht kannst. Richtig? Ohne Neudenken bleibst du im tiefen Gedankensumpf stecken. Knacke also die gewohnten alten Muster und Überzeugungen auf. Sei neugierig und folge mutig deinem Traum.

Neu denken bedeutet, neuen Gedanken den Weg frei zu machen und dem Abenteuer des Lebens leidenschaftlich zu begegnen. Die Schatzkammer in uns wartet darauf geöffnet zu werden. Also sollten wir den Startknopf drücken und unser Leben zu einem Meisterwerk formen. Vergeude bitte deine kostbare Lebenszeit nicht. Erforsche dich, höre auf deine innere Stimme und erziele mit deinem inneren geheimnisvollen und hochkarätigen Diamanten faszinierende Ergebnisse!
Stelle dir konkrete Fragen und lasse los, um die Antworten zu bekommen. Wenn du merkst, dass sich negative Gedanken melden, stoppe diesen Impuls und ändere deine Gedankenstruktur. Es ist hilfreich, dass du dir in solchen Situationen gedanklich und bildlich ein rotes Stoppschild aufstellst und die Botschaft sendest: „Stopp, dich kann ich in diesem wunderbaren Augenblick meines Lebens nicht gebrauchen.“ In diesem Augenblick ersetze diesen Gedanken durch ein farbenfrohes Bild, was

dich in Freude versetzt. Das kann ein Sonnenaufgang, ein toller Regenbogen oder eine Blumenwiese sein, eben alles, was dich glücklich und zufrieden macht.

Wenn du den ganzen Vorgang etwas intensivieren möchtest, dann schreibe als zusätzlichen Verstärker für dieses Bild oder die erlebte Situation alle aufkommenden Gefühle auf ein Blatt Papier und ergänze es mit bunten Farben. Male wie du es als Kind getan hast und begeistere dich für dein TUN. So hast du dann schnell und sehr spontan ein inspirierendes Mosaikgemälde für dein spannendes Leben kreiert. Ziehe und bewundere immer wieder deine Bilder, die du aus deiner Schatzkiste heraus gezaubert hast. Tue es so oft und auch spontan wie du es möchtest. Du wirst erleben, dass du weit über dich hinauswachsen kannst. Große Ziele sind supergeil, auch deshalb, weil du daran vorbeiballern kannst. Auch das ist persönliche Entwicklung! Es funktioniert garantiert mit etwas Übung! Ich verspreche es dir und ich weiß, dass du es genießen wirst.

Erlaube dir ganz groß zu träumen. Alles was du brauchst, liegt in dir. Tue es und genieße diesen kleinen beindruckenden Veränderungsprozess. Es geschieht ein kleines Wunder und du erlebst, dass du viel mehr kannst, als du bisher geglaubt hast. Die Glasscheiben, die wir Menschen in unserem Kopf tragen, sind meist Grundüberzeugungen, die unser Umfeld uns in den ersten Kinderjahren eingebaut hat. Und diese sind heute noch wirksam. Statistisch gesehen haben wir bis zum vierzehnten Lebensjahr vierzigtausend Mal das Wort „Nein“ gehört. In diesem Zusammenhang hörten wir dann auch noch Tipps wie: „Fall nicht hin, wenn du Fahrrad fährst.“ „Das macht man nicht.“ „Nur nicht auffallen.“ „Mach es so wie die Anderen.“ „Schuster bleib bei deinen Leisten.“ „Wieso willst du das machen? Andere haben es auch schon probiert und da hat es auch nicht geklappt.“ „Geld ist nicht gut, es verdirbt den Charakter.“

Unser geistiges Betriebssystem wird also sehr häufig mit negativen Informationen befeuert. Dadurch erfolgt eine wegweisende Programmierung, die eindeutige Spuren auf unserem Lebenspfad hinterlässt. Dieser Eingriff verhindert, dass wir unser Leben so leben, wie wir es uns wirklich wünschen. Häufig stecken wir in einer Sackgasse fest. Bravo! Es ist an der Zeit, diesen Mythos zu beenden und das zu tun, was du wirklich und von Herzen willst! Achte ab jetzt darauf, dass du dein Denken nicht weiter limitierst. Dann wird es dir gelingen, geniale Erfahrungen zu machen. Dein Selbstbild, dein Selbstbewusstsein, dein Selbstwert, deine Persönlichkeitsentwicklung und deine Liebe zu dir selbst bekommen bereits mit dieser veränderten Sichtweise einen bedeutenden Schub.

Visionen, Träume und Bilder verändern deine innere Einstellung und sind damit ideale Voraussetzungen, um das Leben so zu gestalten, wie wir es uns aus unseren tiefsten Herzen wünschen. Die dadurch entstehenden Emotionen versetzen dich in einen permanenten Powerzustand. Mit etwas Übung und Training kannst du diesen kreativen Zustand bei Bedarf immer wieder neu herstellen.

Entwickle deine eigenen inneren Visionen. Kreiere durch Gedanken kraftvolle Glaubenssätze und wertvolle Lebensregeln für dein einzigartiges Leben. Du hast die Wahl! Also entscheide dich für Wachstum, Neugier und mutige Meilensteine in deinem Leben.

Frage dich immer wieder:

- *Wer möchte ich wirklich sein?*
- *Was ist meine wirkliche Sehnsucht?"*

Höre auf deine Intuition und kreiere die aufkommenden Bilder und die damit verbundenen Gefühle zu einem Meisterwerk deines Lebens. Werde also Chancennutzer und Möglichkeitsdenker und nicht Problembetrachter. Lade das ein, was du gerne in deinem Leben hättest und lasse dir mehr von deinem Leben zeigen.

Im Abenteuer des Lebens solltest du dir immer wieder spannende Fragen stellen. Wenn du um alles bitten könntest und das auch bekommen würdest, was wäre das? Wenn es in dieser Welt absolut keine Begrenzungen an Zeit, Geld und kreativen Fähigkeiten gäbe, worum würdest du bitten? Wenn du einen Zauberstab hättest, mit dem du dir jeden Wunsch erfüllen könntest, was würdest du dir wünschen? Jederzeit kannst du beliebige Wünsche hinzufügen. Wenn du möchtest, nimm dir zehn Minuten Zeit und beantworte diese Fragen. Jetzt! Genau in diesem Moment kannst du es TUN!

Ich garantiere dir, dass du durch diese Übung einen kleinen Quantensprung erleben wirst. Jeder ist für sein Leben selbst verantwortlich. Es ist dein Leben. Tu damit, was du willst. Sage nie, dass du etwas nicht kannst. Das vielzitierte, wunderbare Beispiel der geliebten Hummel ist ein sehr treffendes und anschauliches Beispiel: Sie hat 0,7 Quadratzentimeter Flügelfläche bei 1,2 Gramm Gewicht. Nach den bekannten Gesetzen der Aerodynamik ist es unmöglich bei diesem Verhältnis zu fliegen! Die Hummel weiß das aber nicht und fliegt einfach. Sie tut es und verlässt sich auf ihre Intuition. Voller Vertrauen in die eigene Fähigkeit überschreitet sie abenteuerlich ihre Grenzen.

Wir alleine entscheiden, wie wir auf Herausforderungen reagieren und welche Wege wir gehen. Wenn wir uns auf eine intensive Begegnung mit uns selbst einlassen, werden wir mit glücklichen und erfüllenden Emotionen belohnt. Entdecke deine magische Welt und gestalte dein Leben spannend, bunt und aufregend. Es warten viele wunderbare Erlebnisse, tolle Momente und intensive, liebevolle Begegnungen auf dich. Auf unserer Lebensreise geht es darum glücklich zu sein und zwar mit uns selbst und natürlich auch mit Anderen und der ganzen Welt. Höhen und Tiefen gehören zusammen wie der Anfang und das Ende eines Weges. An bestimmten Meilensteinen zünden wir ein Feuerwerk an und feiern uns und unser Leben. Freude braucht grundsätzlich keinen Anlass, denn das Leben selbst ist schon Freude genug. Diese Momente sind die funkelnden Diamanten auf unserer Lebensreise.

Mache dir bewusst, dass die meisten Ängste absolut irrational sind. Vermeide unbedingt den Fehler, Fehler zu machen, denn diese spielen sich häufig nur zwischen unseren beiden Ohren ab. Übrigens entstehen an dieser Stelle, also in unserem Kopf häufig nie eintretende Wahrscheinlichkeitsszenarien. Dieses Phänomen kennst du doch oder? Es ist deine mentale Entscheidung, ob du dich freust oder ob du Angst hast. Deine Gedanken entscheiden, ob du dich glücklich fühlst oder ob du dem Glück hinterher spurtest. Mache dir immer wieder bewusst, dass das Leben ein Geschenk ist. Sei voller Dankbarkeit für diese einmalige, hochkarätige, zauberhafte, nie wieder kommende Chance. Allein die Tatsache, dass du lebst, ist ein astronomischer Glücksfall.

Starte also jetzt mit Begeisterung und Leidenschaft in

den Film deines Lebens und schreibe dein eigenes Drehbuch und zwar so, wie du es aus tiefstem Herzen haben möchtest. Die tiefe Sehnsucht ist der Wunsch nach Liebe. Das ist es. Klappe zu. Film ab. Jetzt! Los geht´s! Genau jetzt ist der richtige Zeitpunkt.

Liebe!

Ein Wort, das dich
und die Welt verändern kann.

(Konrad Klar)

DAS LEBEN IST MAGIE - LIEBE ES!

Verabschiede dich also von den eingefahrenen Glaubenssätzen und Überzeugungen. Vertraue dem Fluss deines Lebens. Räume dein Leben endlich auf. Warte nicht auf die eine Gelegenheit. Vielleicht kommt sie nie. Welche Motive und welche Werte begeistern dich wirklich? Fühlt sich dein Ziel wie ein Glücksfall oder eher wie eine Störung an? Bist du mit der jetzigen Aufgabe, die Du ausübst, vielleicht nur auf der Durchreise? Das kann völlig ok sein, wenn du dabei deinen wahren Herzenswunsch nicht aus den Augen verlierst.

Wenn du einen starken Wunsch und eine starke Sehnsucht nach Veränderung in dir spürst, dann zünde den Turbo und setze zum Höhenflug an. Der Anfang und der Start ist die wichtigste Entscheidung. Das Einzige was du tun musst, ist den Schlüssel zu bedienen, damit du den verschlossenen Riegel zur Seite schieben kannst. Dann kannst du das Tor zu deiner neuen Welt aufstoßen! Na wie fühlst sich das an? Entdecke dich selbst. Werde derjenige, der du wirklich sein willst. In deinem Geist kannst du jedes Bild projizieren und damit deine Zukunft entwickeln. Ändere dein Denk- und Glaubenssystem, denn damit änderst du die Richtung deines Lebens. Glaube fest an das Gelingen deiner Veränderung. Selbstverständlich gibt es Teile in dir, die gerne Probleme sehen. Das ist völlig normal. Es gibt aber auch Teile in dir oder sogar eine Person in deinem Geist und in deiner Fantasie, die dir Lösungen präsentieren will. Sorge also für glückliche Impulse und damit für eine neue Perspektive in deinem wunderbaren Leben.

Gibt es eine Persönlichkeit, die du besonders bewunderst? Überlege mal gründlich und schreibe dann maximal drei Personen auf. Schreibe auf, was dir an diesen Menschen besonders gefällt. Sind das der Charakter, die Ausstrahlung, die Werte, das Verhalten oder das gesamte Tun dieses Vorbildes? Notiere alles was dir einfällt! Wenn du diese aufschlussreiche Übung machen möchtest, lege das Buch jetzt zur Seite und lies dann weiter, wenn du mit der kleinen Aufgabe fertig bist! Erst dann erlaube dir weiterzulesen, um dann die Lösung zu verinnerlichen. Es wartet eine kleine Überraschung auf dich! Los geht's! Mache diese erkenntnisreiche Übung und verstecke dich nicht weiter.

Super! Gratulation! Du hast es geschafft!
Beende jetzt diese intensive Betrachtung mit den wichtigsten drei Worten:

DAS BIN ICH.

Wow! Ist die kleine Überraschung gelungen? Was fühlst du gerade jetzt in diesem Moment? Wie stark ist deine Sehnsucht? Spürst du so etwas wie Aufbruchsstimmung? Wenn das so ist, dann stehst du an einem Punkt, der dein Leben verändern kann. Mache den nächsten Schritt. Verpasse nicht dein Leben, sondern erobere es. Mach das, was dich wirklich glücklich macht. Tue das, wofür du wirklich brennst. Die meisten Menschen erkennen den Sinn und die schöpferische Aufgabe ihres Lebens leider erst zum Ende ihres irdischen Daseins. Erst in dieser entscheidenden Lebensphase kommen die wahren und wesentlichen Erkenntnisse zum Vorschein. Dann ist es oft zu spät, weil diese Menschen ein Leben lang in ihren Gewohnheiten und Überzeugungen festgesteckt haben.

In dem sehr bewegenden Buch „Fünf Dinge, die Sterbende am meisten bereuen." hat die Autorin Bronnie Ware erstaunliche Erfahrungen als Palliativpflegerin zusammengefasst. Sie hat jahrelang Sterbende, die den Tod kommen sahen und nichts davon wissen wollten, intensiv auf ihren Wegen betreut. Sie begleitete diese Menschen, hörte Bedauern und sogar Vorwürfe von ihnen, weil sie nicht das Leben gelebt haben, was sie sich gewünscht hatten. Sie hörte immer wieder:

- *Ich wünschte, ich hätte den Mut gehabt, mein eigenes Leben zu leben!*
- *Ich wünschte, ich hätte nicht so viel gearbeitet.*
- *Ich wünschte, ich hätte den Mut gehabt, meine Gefühle auszudrücken.*
- *Ich wünschte, ich hätte den Kontakt zu meinen Freunden aufrechterhalten.*
- *Ich wünschte, ich hätte mir erlaubt, glücklicher zu sein.*

Treffender kann es wohl nicht zitiert und formuliert werden, wenn es darum geht, wie du dein Leben gestalten darfst. Du bist das Beste was dir passieren kann, also mach was draus.
Sorge dafür, dass dich niemand von der Verwirklichung deiner Wünsche und Visionen abbringt. Sicher ist, dass jeder von uns sterben wird. Die Angst vor dem Tod muss nicht zwangsläufig gefüttert werden. Auch hier hast du die Wahl, dieses unaufhaltsame Ereignis als einen erstklassigen Lebenslehrer zu betrachten.

Die Kunst des Loslassens spielt in diesem Zusammenhang sicher eine bedeutende Rolle, denn erst dadurch werden wir frei von allem, was uns in unseren eigenen Schranken hält. Die Fähigkeit und der feste Glaube daran, diesen Schritt der Befreiung zu machen, ist der entscheidende Schlüsselimpuls zu einem selbstbestimmten und glücklichen Leben. Verabschiede dich aus dem Käfig der Gewohnheiten, schalte den Autopiloten ab, mache reinen Tisch und trenne dich von Gerümpel und Gedankenmüll. Bei der Analyse deiner wesentlichen Lebensbereiche Gesundheit, Finanzen, Beziehung und Beruf(ung) solltest du deine Motive und Werte für die daraus resultierenden Handlungen genau prüfen und bereit sein, das zu tun, was dir gut tut und aus deinem Herzen kommt.

Natürlich werden alle Erlebnisse, Wahrnehmungen und Vorkommnisse im Unterbewusstsein des Menschen gespeichert. Diese Eindrücke und Erfahrungen wollen dann auch ständig an die Oberfläche, um gelebt zu werden. In diesen Momenten hat das Bewusstsein enorme Schwierigkeiten, um mit dem Verstand Ordnung ins Leben zu bringen. In diesen Situationen brauchen wir eine Erlebniswelt, die uns hilft, das Ratio in den Hintergrund zu rücken um die persönlichen Entwicklungsprozesse mit Spaß und Lebensfreude zu fördern. Wir können authentische und einmalige Akzente setzen und unser wahres Potential abrufen.

Prof Dr. Maslow hat schon in seiner Bedürfnispyramide festgelegt, dass die Selbstverwirklichung für den Menschen der höchste persönlich anzustrebende Zustand ist. Wie kann dieses wünschenswerte und ideale Ziel nun erreicht werden? Der Selbstverwirklichungsprozess beginnt grundsätzlich mit einer Vorstellung und einer gewünschten Situation in unserem Kopf. Der Gedankenimpuls zündet die Idee. Unsere rechte und linke Gehirnhälfte können hier entscheidende Realisierungsimpulse geben, wenn diese synchron zusammenarbeiten. Wir befinden uns dann in einer wohltuenden Kommunikation. Wenn Körper und Geist, unser Gefühl und unsere Intuition in Harmonie sind, erzielen wir die besten Ergebnisse. Das Gesetz der Medialität, was übrigens bei Kindern in den ersten Jahren hervorragend funktioniert, verleiht uns die Fähigkeiten, genau das zu tun, wonach uns gerade ist. Wir können also unser Zielfoto und unseren Zielzustand quasi auf eine Leinwand projizieren. Mit der unendlichen Kraft unseres Geistes und unserer Gedanken haben wir die besondere Fähigkeit alles zu erschaffen, was wir aus tiefstem Herzen wünschen. Das Geheimnis unseres persönlichen und beruflichen Erfolges hängt also entscheidend von unserer Denkweise ab! Gedanken sind schöpferische Energien und können wunderbare Ergebnisse erzielen. Wir können unsere eigene Welt nicht nur gedanklich, sondern auch real immer verändern, wenn wir es wollen. Unsere neuronalen Muster können jederzeit in eine neue Richtung gelenkt werden. So ist es möglich, dass wir ganze Gehirnregionen für eine neue Wirklichkeit beeinflussen können. Die Neurowissenschaftler nennen dieses Phänomen Neuroplastizität, wenn unser Gehirn auf veränderte Erfahrungen reagiert. Die permanente Anregung der Gehirnzellen führt zur Bildung neuer Synapsen, also neuer Verbindungen und unterstützt damit intensiv das neue gewünschte Ziel. Wir können dadurch festgetretene Pfade konsequent verlassen. Wir können unsere Lebensgeschichte also umschreiben. Wie geht das? Gibt es eine Anleitung?

Die folgenden Schritte können dich wirkungsvoll unterstützen:

1. Schritt: Formuliere fünf kurze Sätze, wo du feststellst, welche alten Muster, Prägungen und Verhaltensweisen dich stören.

2. Schritt: Neben diesen fünf Sätzen schreibst du dann die gewünschten Eigenschaften, die du gerne hättest. Ersetze also die bisherigen Muster und Prägungen.

3. Schritt: Die fünf gewünschten Eigenschaften lernst du auswendig und fühlst die Wirkung, die durch diese Veränderung entsteht. Als Unterstützung kannst du dir diese Sätze auch auf ein Kärtchen schreiben, damit du sie immer bei dir hast.

4. Schritt: Du kannst nur nachhaltige Veränderungen erreichen, wenn du 21 Tage konsequent die gewünschten Eigenschaften wiederholst. Tue dies mindestens dreißig Mal morgens und dreißig Mal abends.

Du kannst diesen wohltuenden Prozess deutlich unterstützen, wenn du vor dieser Übung deine Aufmerksamkeit für ein bis zwei Minuten auf deine Atmung legst. Atme fünf Sekunden tief in deinen Körper hinein und etwa zehn Sekunden ganz leicht aus. Wiederhole diesen Vorgang drei Mal. Finde dabei deinen persönlichen Rhythmus! Deine Gehirnfrequenz verlangsamt sich für einige Minuten und deine Aufnahmebereitschaft verstärkt sich für die gewünschte Veränderung! Das Vertrauen in deine Handlung ist der Garant für mehr Lebensfreude, Freiheit und Erfüllung.

Sei es dir wert!
Dann hast du mehr von deinem einzigartigen Leben.

Suche nicht nach Glück.
Es ist bereits da!
Greife nach den Sternen,
auf dem Mond kannst du immer noch
landen!

(Konrad Klar)

PRÜFE DEINE GLAUBENSSÄTZE UND ÜBERZEUGUNGEN

Alles was vorstellbar ist, ist auch erreichbar. Sobald du dich für diese Vision und Erkenntnis mit einem klaren Ja entscheidest und es auch tatsächlich willst, ist der Weg zur Verwirklichung ganz nah. Ja! Du bist dann auf der Zielgeraden und damit auf dem Weg, um deine wahre Berufung zu leben. Tue es. Du wirst allerdings feststellen, dass dein Unterbewusstsein immer wieder versucht, dich massiv zu beeinflussen. Glaubenssätze, Verhaltensmuster und Überzeugungen wie: „das hast du doch nie so gemacht", „warum soll das jetzt funktionieren", duellieren sich mit deinen Vorstellungen und stellen deine neu gewählten Bilder und Denkweisen in Frage. Hier kann es zu einem inneren Konflikt kommen, der dich weiterhin in der Warteschleife verharren lassen kann. Wir schieben eben gerne Entscheidungen vor uns her, weil wir es bisher so gewohnt waren.

Wenn das so ist, verpassen wir leider an diesem Punkt die einmalige Chance, die destruktiven Muster hier zu eliminieren. Deshalb müssen wir an diesem entscheidenden Punkt fest an unser Vorhaben glauben und entsprechend handeln. Natürlich ist das eine kleine Hürde, aber sie mutig zu überwinden bedeutet für dich persönliche Freiheit. Bei negativen Emotionen geben wir leider leichter auf. Positive Emotionen benötigen deutlich mehr

Energie. Verinnerliche diese Botschaft. Unser Leben wird von unseren Emotionen bestimmt, selbst dann, wenn wir sie nicht bewusst wahrnehmen. Mit der von mir entwickelten 3-E-Methode (Erkennen-Entspannen-Entwickeln) erkennst du die inneren Sabotageprogramme schnell. Diese erfolgreich genutzte mentale Meisterformel bietet als Kreislauf eines individuellen Coachings faszinierende Ergebnisse und bringt ungeahnte Potentiale an die Oberfläche, um nachhaltige Veränderungsprozesse einzuleiten. Sowohl im persönlichen als auch im beruflichen Leben sind neue und effiziente Perspektiven gefragt, um die Anforderungen unserer Gesellschaft zu meistern. Stress, Burnout und Wahrnehmungsdefizite sind Phänomene, die unsere täglichen Abläufe stark beeinflussen können. Es gibt viele Wege, die du gehen kannst, aber der Beste ist wohl der, der dich am Ende glücklich macht.

Das 3-E-Methodentraining liefert hier entscheidende Ansätze. Ganz nebenbei schaffst du durch diese Anwendung für dich ein intensives Flow-Erlebnis. Du tauchst so in deine Talente ein und erreichst spielerisch beste Leistungen und damit ein hohes Maß an Zufriedenheit und Lebensfreude. Der eigenen Logik nicht treu zu bleiben ist eine Herausforderung. Leider wird von unserer Gesellschaft Logik höher eingeschätzt als Weisheit. Es ist ein Dilemma. So führen Glaubenssätze, die ihr Entstehen häufig in der frühen Kindheit haben, oft zu Einschränkungen in der Persönlichkeitsentwicklung und grenzen so unser aktuelles

Handeln ein, mit der Folge, dass der Weg zur Selbstverwirklichung holprig wird. Übe dich also konsequent im Umgang mit deinen Gefühlen und den Gefühlen anderer. Veranlasse eine innere Bestandsaufnahme und trainiere intensiv deine Selbstwahrnehmung. Verabschiede dich von den Menschen, die ständig jammern, denn sie wollen häufig Gleichgesinnte finden und schwimmen gerne mit dem Strom. Sie vergeuden leider dadurch ihr wahres Potenzial und damit ihr gewünschtes Leben.

Verändere bewusst deine Einstellung und fange an zu handeln. Schreibe dein Drehbuch und damit dein persönliches und individuelles Glücksbuch. Erinnere dich jetzt und nutze die erlebten Situationen, in denen besondere und glückliche Erlebnisse und Momente dich in flowähnliche Zustände versetzt haben. Dies könnte überfließende Energie, Freude, bereichernde Beziehungen, Ruhe und Entspannung sein. Verinnerliche die Botschaft: „Alles, was gut ist, kann zu jeder Zeit wiederholt werden." Wenn es auch mal Nackenschläge geben sollte, mache es nochmal und immer wieder. Bleib einfach dran. Du kannst dir auch von anderen Wegbegleitern Ideen in den Kopf pflanzen lassen. Allerdings wirst du wesentlich zufriedener und erfolgreicher sein, wenn du es bei dir selbst tust. Du kannst es. Vertraue dir und übernehme die Verantwortung.

Erlaube dir große Träume und Visionen. Schreibe alles auf, was dir in den Sinn kommt und nutze deine Intuition. Aufgeschriebene Ziele erreichst du tausend Mal eher als nur gesprochene Ziele.

Vor einiger Zeit erzählte Frank Elstner in einer Fernsehsendung von einer seiner wegweisenden Erfahrungen. Demnach hatte er im Jahre 1981 eine sehr unruhige Nacht und viele Gedanken schwirrten ihm in seinem Kopf. Er traf nachts um ein Uhr die Entscheidung aufzustehen und setzte sich an seinen Schreibtisch. Er schrieb zweieinhalb Stunden seine Gedanken auf und so wurde in dieser Nacht die Idee für die Fernsehendung „Wetten, dass... „ geboren. Ein tolles Beispiel dafür, dass alles möglich ist, wenn wir unseren inneren Impulsen und unserer Intuition folgen. Setze dir also Ziele, die dich begeistern und setze dir Ziele, für die du dich strecken musst. Laut dem Resonanzgesetz entsteht eine magnetische Anziehungskraft. Wenn du das Ziel manifestiert hast, kannst du entspannt vom Sende- und Absichtsmodus in den Empfangsmodus wechseln.

Sicher hast du schon mal eine Erfahrung gemacht, die dich in deinem Leben enorm bereichert hat. Vielleicht war diese Erfahrung sogar so bedeutend, dass du feststellst, dass du ohne diese Erfahrung nicht da wärest wo du heute bist. In einem meiner Seminare trainieren die Teilnehmer die ultimative Szene, um barfuß über glühende Kohlen zu laufen. Dieses Highlight initiiere ich sehr gerne und bereite die Teilnehmer intensiv auf den Feuerlauf vor. Ich selbst genieße es mit allen Sinnen, wenn die Menschen ihre Grenzen förmlich aufsprengen. Bei diesem Event können Teilnehmer den puren Adrenalinausstoß förmlich fühlen. Es ist der Lauf in ein neues Leben. Die Feedbacks sind einfach überwältigend. Du gehst weit über deine Komfortzone hinaus. Du verinnerlichst, dass du alles schaffen kannst, auch wenn andere Menschen das für unmöglich halten. Du kontrollierst und besiegst tausend Grad heiße Kohlen. Was kann da noch passieren und wer kann dich dann noch bei deinen Zielen und Visionen aufhalten? Du feierst und bewunderst dein Leben, wie du es so bisher noch nicht erleben konntest. Du wächst weit über dich hinaus und spürst eine grenzenlose Freiheit. Dieses Beispiel zeigt eindeutig, dass Neuorientierung immer möglich ist. Es ist wirklich nie zu spät dafür. Du alleine und sonst niemand bestimmst den Wendepunkt in deinem Leben.

Also werde zum bewussten Schöpfer und damit zum einzigartigen Initiator deines Lebens. Lass dir dein Denken nicht vernebeln und sei bereit, das Beste zu geben. Es warten tolle Momente auf dich. Du kannst wählen was du wirklich willst. Wie du dein Leben verbringst, ist allein deine Entscheidung. Es liegt in deiner eigenen Verantwortung.

Die Entwicklung und damit das Wachstum deiner Persönlichkeit ist heute wichtiger als ein Masterstudium. Fördere und begeistere dich für dein Wertschöpfungspotential. Es wartet sehnsüchtig darauf, von dir entdeckt zu werden.
Love it, change it or leave it.

Das **Leben** ist zu kurz,
um normal zu sein.
Sei einfach verrückt!

Lerne das zu lieben,
was du gerade tust,
wie noch nie im Leben zuvor.

(Konrad Klar)

GENIEẞE DEN AUGENBLICK UND SCHENKE FREUDE

Die Sehnsucht nach Anerkennung und Wertschätzung ist bei uns Menschen ein sehr ausgeprägtes Bedürfnis. Es wirkt wahre Wunder, wenn wir erkennen, dass wir andere wertschätzen sollten, um so auch gleichzeitig unseren eigenen Selbstwert zu stärken.

In Amerika ist eine wunderbare Idee entstanden, die in beeindruckender Weise zeigt, dass Freude schenken wirklich eine besondere Wirkung entfacht. Diese Idee „Random Acts of Kindness" sind Geschenke, die wir spontan oder auch gezielt verteilen können. Wichtig ist dabei, dass wir keine Gegenleistung dafür erwarten. Es ist so einfach. Ein Kompliment, ein spontanes Lächeln, ein liebes Wort, ein nettes Gespräch oder eine freundliche Geste können einen Menschen schnell verzaubern. Diese Aufmerksamkeiten sind „schnell erledigt" und schenken viel Lebensfreude, Glück und Zufriedenheit.

Mit dieser Möglichkeit können wir kurz aus dem routinierten, oft festgefahrenen und völlig verplanten Alltag aussteigen und der grenzenlosen Reizüberflutung entkommen.

Durch aufrichtiges Interesse an einem Menschen sind wir in der Lage, unsere hektische Welt jeden Tag ein bisschen besser zu machen. Für einige Momente können wir

so auch unsere eigenen Sorgen und Probleme vergessen und unser Hamsterrad stoppen. Diese Initiative lässt unserer Kreativität freien Lauf. Du kannst dabei deine eigene Geschichte schreiben und dabei erleben, wie Freude machen - Freude macht. Kleine Geschenke verändern die Gefühlswelt eines jeden Menschen, denn aufrichtige Zuwendung kommt immer aus dem Herzen und erzeugt emotionale Verbundenheit, Wertschätzung und Achtsamkeit für unser gemeinsames wertvolles Leben. Es entsteht eine einzigartige Glücksspirale von Menschen für Menschen. Beginne einfach in der Familie, bei Freunden, in deinem beruflichen Umfeld oder auch bei einem beliebigen Menschen. Genieße deine inspirierenden Ideen und Aktionen und spüre intensiv wie gut es tut, etwas zu geben ohne etwas dafür haben zu wollen!
Diese verwöhnenden Momente erschaffen eine neue Sichtweise und machen dem Leben eine spontane Liebeserklärung.

Kreiere doch einfach eine Glücksformel für dich nach dem Motto: „Ich gebe das, was ich selbst gerne haben möchte." Frage dich nicht, was du davon hast, sondern lasse los und halte nichts fest. Geben macht Freude, schenkt Glück und wahren Reichtum für dich und die ganze Welt.

Durch die sozialen Medien wird immer mehr deutlich, dass wir Reaktionen und Nachrichten erwarten und auch selbst permanent den Reaktionsknopf in der Hand haben!

Fühlen wir uns wirklich noch in die Botschaften so richtig hinein oder sind wir einfach nur noch oberflächlich?
Ich weiß, dass die Fans von diesen Medien sofort intervenieren und Business- Beziehungs- und Freundschaftsargumente und vieles mehr in den Argumentationstopf werfen. Erreichbarkeit, Hochgeschwindigkeit und das Hetzen durch den voll verplanten Tag sind die Gründe, um ganz vorne in der ersten Reihe mit dabei zu sein.

Ist das wirklich das Business- und Motivationsmodell der Zukunft, was uns tiefe Zufriedenheit schenkt? Wo bleibt hier das ehrliche Interesse an dem Menschen, der dir gerade gegenübersteht? Lassen wir wegen dem Fokus auf unsere Karriere möglicherweise unser Herz in eine emotionale Krise schlittern? Sind die Tugenden Aufmerksamkeit und Achtsamkeit nur noch theoretische Werte?
Wir sollten uns darin üben, mit kleinen Gesten einfach mal Freude zu schenken! Es ist so einfach, wenn wir es wirklich selbst wollen!

Ich habe neulich in einem Café einer älteren Dame eine Tasse Kaffee gezahlt ohne es ihr zu sagen. Einfach so! Einige Tage danach hörte ich, dass sie total happy war! Es war ein toller Glücksmoment für mich. Die Möglichkeiten, Freude zu schenken, sind grenzenlos. Es kann auch ein einfacher Zettel mit einem netten Smiley sein, den du einem Freund in die Hand drückst! Sei einfach mal kreativ, wenn du diesen Herzenswunsch in dir trägst und trage so dazu bei, unsere Welt ein bisschen besser und liebevoller und damit glücklicher zu machen. Es wirkt wahre Wunder. Und es wirkt sogar ansteckend und kann zu einem Dominoeffekt werden!

Nette Überraschungen erwarten keine Gegenleistungen und sind ohne Erwartungen. Sie machen dich und den Empfänger einfach nur glücklich!

In diesen turbulenten Zeiten mit vielen ängstlichen Szenarien können wir unsere emotionale Verfassung durch freundliche Gesten verändern und zuversichtlicher nach vorne blicken. Das freundliche Miteinander kann die Welt verändern und sendet immer positive Signale!

Der Fortschritt verlangt zwar höchste Geschwindigkeit und das ständige Zünden des Turbos, aber dadurch wird der Blick auf das, was bereits vorhanden ist, häufig versperrt. Die Frage, ob wir uns durch diese hektische Vorgehensweise nicht mehr von den Menschen und vor allem von uns selbst entfernen, ist eine wesentliche, wenn nicht sogar eine ultimative Frage, die Antworten wünscht und sogar fordert.

Die Beschleunigungsprozesse im wirtschaftlichen und auch im privaten LEBEN können uns zum Sklaven unseres Lebens machen. Unser Leben wird häufig durch Zwänge und Verpflichtungen bestimmt. Im Beruf wollen wir zu den Profis gehören und im privaten Leben sind wir Amateure, weil wir uns die Zeit für die richtige Balance und die notwendige Ausgeglichenheit nicht mehr nehmen! Das Profitdenken und die Gier nach immer mehr haben zu wollen, legt unsere Sinne lahm.

Schlüsselwörter wie Wachstum, Zeitdruck, Effektivität, Wohlstand und Geld sind die Antriebe unserer Gesellschaft. Aber sind wir wirklich glücklich im Leben, wenn wir beispielsweise ein bisschen mehr Geld haben, reicher sind als Andere und möglicherweise auch gesünder sind! Oder bezahlen wir mit unseren Motiven sogar die Freiheit unseres Lebens? Bleiben wir vielleicht sogar ein Leben lang auf der Suche nach dem wirklichen Sinn unseres Lebens?

Ein schönes Leben bedeutet, dass wir so oft wie nur möglich in Resonanz leben. Das kann mit einer Person, mit Dingen, mit Erlebnissen, mit Gesprächen oder auch mit Beobachtungen geschehen. Wenn wir mit unserer Aufmerksamkeit konsequent bei diesen Erlebnissen sind, dann können wir den Flow aller Sinne intensiv wahrnehmen und uns ganzheitlich wohl fühlen. Diese Wahrnehmungen sind wahre Energieturbos in unserem Leben! Sie können beliebig oft wiederholt werden. Durch diese Flowerlebnisse öffnen wir das Tor zu unserer zauberhaften Welt. Leben können wir eben nur in dem Augenblick! Ansonsten werden wir das Leben wohl nie leben! Wir haben also immer die Wahl eine Entscheidung zu treffen. Wir können einem Mythos nachlaufen und uns durch Auszeiten wie Urlaub und ein freies Wochenende vermeintlich erholen oder bewusst die Entscheidung treffen, täglich das Leben zu leben, um so mehr Sinn in unserem Leben zu kreieren! Nicht weglaufen, sondern Ankommen und Dasein, öfter mal stehen bleiben, loslassen und einfach mal rein gar nichts tun!

Sei du der Initiator! Mach du die Welt durch dein Handeln etwas besser und liebevoller. Sorge für eine gute Stimmung in deinem Umfeld. Du weißt, dass Worte eine grenzenlose und energetische Kraft haben. Sie können heilen, aber auch zerstören. Du hast die Wahl! Nutze dieses einzigartige Privileg, denn auch du kannst die Welt verändern!

10 DINGE, DIE DEIN LEBEN SCHÖNER MACHEN

- Schreibe fünf Lobkärtchen und schenke sie den fünf Menschen, die dir spontan in den Sinn kommen. Schreibe nur das auf, was dir an ihnen gefällt, was du an ihnen bewunderst und liebst.
- Laufe eine halbe Stunde oder mehr barfuß in der Natur und spüre die Verbundenheit mit der Erde.
- Singe deinen Lieblingssong ganz laut und genieße es so oft du möchtest. Wenn du willst, tanze dabei.
- Schreibe Jemanden, den du schon lange nicht mehr gesehen hast, einen Brief und schicke ihn weg.
- Stehe morgens früh auf und genieße den Sonnenaufgang und auch die Ruhe und Vielfalt der Natur.
- Mache einem geliebten Menschen eine Freude und bastle ein Geschenk oder male ein Bild für ihn.
- Schau dir alleine oder mit Freunden einen lustigen Film an und lache bis du dich vor Lachen hinwirfst.
- Verbringe bewusst Zeit mit Menschen. Sei in diesen Augenblicken mit deiner Aufmerksamkeit nur bei ihnen.
- Sei mutig und lustig und springe bei Regen in eine große Wasserpfütze. Freue dich einfach mal wieder wie ein kleines Kind.
- Sei einfach mal häufiger verrückt, wild und wunderbar.

Das **Leben**
liegt vor dir
nicht hinter dir!

Frage dich:
Bewege ich mich
mehr zu mir hin
oder bewege ich mich
eher weg von mir?

(Konrad Klar)

FEIERE DEIN WUNDERBARES LEBEN

An diesem Punkt möchte ich nun „Klartext" sprechen und dir nochmals eine dringende Empfehlung geben. Diese kann und wird dein Leben verändern, wenn du ihr konsequent folgst. Sei dir bitte klar darüber, dass ein selbstbestimmtes Leben zu führen nahezu immer auf Widerstand in deinem Umfeld stößt. Ich bin mir sehr sicher, dass du das schon oft festgestellt hast. Oder etwa nicht?

Glück zu entwickeln benötigt gezielte Fähigkeiten und ist wie mentales, intensives und regelmäßiges Muskeltraining. Ein entscheidender Punkt ist, dass du dir bewusst wirst, welches Bild du von deiner Realität hast und dass du verinnerlichst, dass Glücklichsein kein Ziel ist, sondern vielmehr eine besondere Art zu leben. Du kannst Impulse von außen aufnehmen, aber wirkliche Gedankenveränderung geht nur durch dich selbst. Leidenschaft, Beharrlichkeit, Begeisterung und Sehnsucht verbunden mit beflügelnden Gefühlen, sind die Kräfte, die uns für die Veränderung motivieren.

Du musst hungrig sein nach deinen Wünschen und Visionen und das tiefe Verlangen danach täglich manifestieren. Deine Sehnsucht nach dem neuen Leben wird dich dabei unterstützen. Wenn du also zu den Menschen gehören willst, die ihre Bestimmung, also ihr „Warum bin ich hier?" leben möchten, dann haben folgende Hinweise absolute Priorität: Täglich solltest du mehrmals ruhige Phasen einlegen, um die Alltagsgewohnheiten zu unterbrechen. In dieser Zeit kommen deine Gedanken zur Ruhe und deine Konzentration liegt dann nur im gegenwärtigen Augenblick.

Im Hier und Jetzt. In diesem Zeitfenster öffnet sich das Tor zu deiner inneren Kraftquelle und damit zu deinem wahren Potential. Natürlich braucht es etwas Routine, aber nach einigen Tagen wirst du das erfüllende Gefühl voller Harmonie und Freude wahrnehmen. Du bist im Flow und fühlst dich völlig ausgeglichen, kreativ, zufrieden und glücklich. Sei offen dafür, um von deiner inneren Kraftquelle Impulse zu empfangen.

Schreibe dir den nachfolgenden Satz auf und spreche diesen mehrmals täglich in einem ruhigen Moment. Am besten tust du das stündlich und laut. Vielleicht schreibst du dir eine kleine Karte, damit du diese immer in deiner Nähe hast, vervielfältige sie so oft du möchtest. Auf die Vorderseite schreibst du: **„Ich bin offen, um von meiner inneren Kraftquelle Impulse zu empfangen."** Um diesen einfachen, aber zauberhaften und sehr wirksamen Prozess noch mehr zu unterstützen, schreibst du auf die Rückseite: **„Ich weiß genau, was ich wirklich will!"**

Spreche diese Botschaften so oft du möchtest und trainiere so den Kontakt zu deiner inneren Schatzkammer.

Wenn du dich innerlich glücklich fühlst, hast du das zauberhafte Geschenk in Besitz genommen, um damit kraftvolle, zuversichtliche und faszinierende Momente zu erleben. Du hast dir eine kleine eigene Zauberwelt installiert, die für dich unendlich viele Überraschungen bereit hält. Mit dieser Vorgehensweise kannst du eine einmalige Glücksformel kreieren, wenn du meine Hinweise konsequent befolgst. Die Magie der Verinnerlichung funktioniert, wenn du deine ganze Aufmerksamkeit zusätzlich in einer ausschließlich ruhigen Atmosphäre und in der Stille nach innen richtest! Ohne Stille gibt es keine Konzentration.

Eine wesentliche und starke Ergänzung ist eine gezielte Atemtechnik, die die energetische Verbundenheit sowohl für Körper, Geist und deine Seele schafft. Der notwendige und zielführende Rhythmus deiner Atmung wird sich mit der Zeit von selbst einstellen. Erst wenn wir aus unserem Egoballon die Luft rauslassen, machen wir die Kanäle frei, um uns aus der Isolation zu befreien und uns mit der schöpferischen Kraftquelle zu verbinden. Diesen Zustand können wir zunehmend verstärken, wenn wir diesen Vorgang so oft wie möglich wiederholen und die Zutaten Liebe, Harmonie, und Lebensfreude dazu mischen. Ändere also deine Gewohnheiten und du wirst dein Leben verändern. Nimm die Ziele geistig in Besitz, die du erreichen willst. Wenn du ein klares Ziel hast, was sich bei dir in jeder Zelle deines Körpers gut anfühlt und du dabei Lebensfreude spürst, die dich glücklich macht, dann solltest du ab diesem Augenblick dafür brennen. Der Weckruf an dein inneres Potential hat funktioniert und die Weichen sind gestellt für deine Veränderung. Dein Wunsch und dein Traum wollen verwirklicht werden. Entwickle einen Plan, wie du dieses Ziel erreichen möchtest. Lege die Etappen fest und geh deinen Weg. Glaube fest an dich und verspreche dir, dass du deinen Plan konsequent umsetzt.

Nochmal: Verspreche es DIR! Jetzt!

Wer oder was hält dich bisher von Entscheidungen ab, die du aus deinem tiefsten Herzen schon lange gerne getroffen hättest? Nur du! Nur du allein bist für dein Leben, so wie es gerade jetzt ist, zuständig und verantwortlich.

Du wurdest schon früh in deiner Kindheit einer Konditionierung unterzogen und hast möglicherweise dein Leben nicht so gelebt wie du es dir gewünscht hast. Es ist wie es ist! Die Vergangenheit ist vorbei! Jetzt kannst du voller Elan den Neustart beginnen und mit einem neuen Bewusstsein dein Leben bereichern. Höre endlich auf, dich einfach nur treiben zu lassen, denn so erreichst du nie das andere Ufer, um Neues zu erleben. Bestimme selbst, was mit deinem wunderbaren Leben geschehen soll. Das hat nichts und rein gar nichts mit Egoismus zu tun. Jetzt ist die Entscheidung gefallen. Mit Lebensfreude genießt du jeden Augenblick und räumst die möglichen Stolpersteine strahlend und dankbar aus dem Weg. Niederlagen sind die einmalige Chance, seine Denkmuster zu ändern und eine Korrektur vorzunehmen. Allein deine Reaktion bestimmt dein Verhalten. Wenn du stolperst, bekommst du ein Signal, um deine gewohnte Umwelt und das bisherige Tun zu analysieren und gleichzeitig die Chance, deine Gewohnheit zu ändern. Es macht also durchaus Sinn, zuerst zu denken und dann zu handeln und nicht umgekehrt. Lasse dich nicht von negativen Gedanken beherrschen und übernehme die Verantwortung für dein Leben.

Wir können so viel von den Kindern lernen, wenn wir unser Ego und unser Nachdenken einfach mal wegschließen. Wenn ein Kind hinfällt, sagt das Kind „Ups, ich bin hingefallen" und steht sofort wieder auf, um sein Leben zu erobern. Es hadert nicht und läuft weiter. Es sei denn, dass die Eltern es sofort trösten wollen und damit den möglichen Schmerz ins unterbewusste Archiv reinhämmern. Gut gemeint, aber es können folgenschwere Prägungen entstehen, die unsere Freiheit möglicherweise einschränken. Wir dürfen unseren Kindern keine Grenzen diktieren. Unsere Aufgabe ist es, ihnen zu zeigen, dass grundsätzlich alles möglich ist. Wenn wir fest an das glauben, was wir uns vorstellen können, werden wir es erreichen. Es ist ein Dilemma, dass der Mensch sich seine Grenzen immer selbst setzt oder das er akzeptiert, wenn andere diese für ihn setzen. Durch Erfahrung wird man klug und je mehr Erfahrungen wir machen dürfen, umso mehr werden wir Abenteurer und damit Gestalter unseres Lebens. Lasse dir also das Gehirn nicht mit Informationen vollstopfen, die dir das Denken vernebeln. Unsere Kinder sollten wir dabei unterstützen, ihre Kreativität zu fördern, Ziele zu formulieren, zu planen und konsequent umzusetzen, um so ein selbstbestimmtes und nicht fremdbestimmtes Leben zu führen.Das Leben will sich immer mehr entwickeln und es will dir das Beste geben, was du bekommen kannst. Vertraue fest darauf, dass alles was du für ein erfülltes Leben brauchst, schon vorhanden ist und zu dir kommt. Weißt du eigentlich wie besonders und einzigartig du wirklich bist? Erkenne endlich dieses Privileg!

Am wichtigsten ist die Liebe zu dir selbst, denn niemand kann dir geben, was du dir selbst nicht schenkst.
Frage dich also:
„Was bin ich mir selbst wert?“
„Was genau sehe ich, wenn ich in den Spiegel sehe?“
„Wie definiere ich mich?“
„Was zeichnet mich aus?“
„Welche Dinge finde ich wirklich super an mir?“
Verschiebe dein Leben nicht auf später. Viele Menschen suchen ein Leben lang nach dem entscheidenden Schalterknopf, den sie nur anknipsen sollen und die Antwort ist da. Genau nach dem Motto: „Wow, das ist es!“

So verschenken wir Milliarden von wunderschönen Momenten, die wir mit allen Sinnen genießen könnten. Es ist ein Dilemma und es wird Zeit, diesen Zustand zu beenden. Werde nicht zur Beute und zum Opfer von Anderen. Ansonsten wirst du vom eigenen Tag verschluckt oder sogar verschlungen. Am Ende des Tages wirst du wieder vom Tag ausgespuckt. Ist das eine prickelnde Vorstellung? Sicher nein! Du weißt nicht wie viele Momente du noch in deinem Leben hast. Mache dir ein zauberhaftes Geschenk und küsse und umarme mit ganzer Liebe dein Leben. Warte nicht auf Gelegenheiten, sondern nutze JETZT die einmalige Chance und fange endlich an. Es warten tausende inspirierende Momente auf dich. Verändere deine Energie und schaue nach vorne und nicht zurück. Nur neue Einstellungen und neue Erfahrungen führen zu neuen Ergebnissen. Alte Überzeugungen führen eher zum Stillstand und verhindern persönliches Wachstum. Furcht und Angst sorgen für Verwirrung. Klarheit und Lebensfreude sorgen für Power. Nur du kannst die Vergangenheit loslassen und Neues beginnen. Gehe auf Entdeckungsreise, denn dein Leben will gelebt werden.

Feiere deinen starken Wunsch nach Veränderung. Prosit!
Lächle und sei glücklich beim Spiel deines Lebens!
Folge deiner Sehnsucht nach Veränderung.
Jetzt bist du dran.

Von Herzen alles Liebe und viel Glück.
Dein Konrad Klar

Vergeude dein Leben nicht
nur deshalb, weil dir der Mut fehlt,
es nach deinen eigenen Wünschen
wirklich so zu gestalten,
dass du glücklich bist.

(Konrad Klar)

NACHWORT

Liebe Leserin, lieber Leser,

der Titel dieses Buches „Vertraue deiner Sehnsucht" spricht mir aus dem Herzen. An der Spitze meines Erfolges erinnerte ich mich an den Traum meines Vaters: Er wollte im Rentenalter die Welt bereisen – doch er starb mit 58 Jahren – und ist nie gereist. Das brachte mich zum Nachdenken. Machte mich mein beruflicher Erfolg innerlich glücklich? Wollte ich so weiter machen wie bisher? Durch den unerfüllten Traum meines Vaters wurde mir klar, dass es an der Zeit war, der eigenen Sehnsucht zu folgen und die eigenen Träume zu verwirklichen.

Ich ließ mich mit über fünfzig Jahren zum Piloten ausbilden, verkaufte meine Unternehmensanteile und flog im Jahr 2010 zehn Monate lang durch 77 Länder. Um dieser Reise einen tieferen Sinn zu geben, gründete ich meine Stiftung FLY & HELP, um Kindern zu helfen und während der Reise Schulen in Entwicklungsländern zu bauen. Die vielen Erlebnisse und Emotionen, die ich auf dieser Reise erlebte, konnten nur geschehen, weil ich auf mein Herz und meine Sehnsucht hörte und nicht auf meinen Verstand. Und daraus sind mittlerweile über 500 Schulen für 100.000 Kinder geworden.

Ich kann dir nur empfehlen, dass du deiner Sehnsucht vertraust und deine Träume, die du dir von ganzem Herzen erfüllen möchtest, lebst. Nehme die Impulse aus diesem Buch auf und setze sie um. Lasse dich nicht beeinflussen und gehe deinen Lebensweg. Dein Leben ist wertvoll und man hat nur dieses eine. Folge deinem Herzen und finde dein Glück.

Konrad Klar und mich verbindet eine besondere Freundschaft. Ich schätze ihn nicht nur als Buchautor, sondern auch als Menschen. Mit seiner Benefizinitiative Herzen berühren e.V. hilft er Menschen, insbesondere Kindern in Not, und schenkt so Glücksmomente. Besonders dankbar bin ich, dass ich für Konrad, seine Familie und Herzen berühren e.V. in Togo eine Schule für über 200 Kinder bauen durfte.

Ich wünsche dir viel Spaß, Glück und Lebensfreude bei der Umsetzung deiner Träume. Das Motto von Konrad Klar „Freiheit bedeutet, sich seine Herzenswünsche zu erfüllen" ist ein guter Impuls sich zu verändern. Ich selbst habe es getan und deshalb wünsche ich dir, dass du auch deinen Weg findest.

Dein Reiner Meutsch

MEINE WOW – MOMENTE!

MEINE WOW – MOMENTE!

MEINE WOW – MOMENTE!

MEINE WOW – MOMENTE!

MEINE WOW – MOMENTE!

DER AUTOR

Konrad Klar, Jahrgang 1958, ist erfolgreicher Autor, Unternehmer und Coach. Mit mentaler Stärke, Begeisterung, Leidenschaft und eisernem Willen gründete er bereits mit 23 Jahren, während seinem Studium, das erste Unternehmen.

Mit mehr als 35 Jahren leidenschaftlicher Berufserfahrung kann er ganzheitliche Empfehlungen und Strategien präsentieren, die durch zahlreiche Qualifikationen und Bestleistungen begründet sind.

Er ist Finanzökonom, Business- und Mentalcoach, Co-Autor, Unternehmensberater und gehört zu den ersten Certified Finanical Plannern in Deutschland

Als Coach verfügt er über internationale Referenzen. Er entwickelte ein erfolgreiches Beratungssystem, war Herausgeber eines Wirtschaftstelegramms und schreibt heute als Autor Fachartikel zur Persönlichkeitsentwicklung.

Konrad Klar ist authentischer Trainer und Coach, von dem du erfährst, wie du mit Lebenskrisen umgehst, Herausforderungen im beruflichen und persönlichen Leben meisterst und die entsprechenden Weichen stellst.

Sein Buchdebüt „Mach doch was du wirklich willst" im Jahr 2017 war ein riesiger Erfolg. Der Nachfolger „Liebe dein zauberhaftes Leben" erschien Anfang 2020. Als Co-Autor hat er im Buch seines Sohnes Andreas „Sei einzigartig – Kunden magisch gewinnen" das Kapitel „Das Leben ist eine Mega-Chance" veröffentlicht.

Ein weiteres Buch mit dem Titel „Integrale Unternehmensgestaltung" in dem er als Mitautor über Herzensbusiness schreibt, ist erschienen.

Im Jahre 2015 hat Konrad Klar sich einen persönlichen Traum erfüllt und die Benefizinitiative „Herzen berühren e.V." gegründet. Er hilft Menschen, insbesondere Kinder in Not. Für diese Idee hat er schon viele Menschen begeistert und zahlreiche Begleiter unterstützen ihn bei diesem gemeinsamen Ziel.

In 2019 hat Konrad Klar eine weitere Vision verwirklicht und das Projekt „Meine Lebensschule" gegründet.

Kontaktdaten und weitere Informationen:
info@konrad-klar.de

BEREITS VERÖFFENTLICHTE WERKE

„Mach doch was du wirklich willst – Dein Weg zu mehr Freiheit, Glück & Lebensfreude“

ISBN: 978-3961031931

11,95 Euro (D)

„Liebe dein zauberhaftes Leben – Kraftvolle Impulse für Momente des Glücks“

ISBN: 978-3961036721

26,95 Euro (D)

BEREITS VERÖFFENTLICHTE WERKE ALS MITAUTOR

„Sei einzigartig – Kunden magisch gewinnen"
von Andreas Klar
ISBN: 978-3961034017
17,95 Euro (D)

Integrale Unternehmensgestaltung:
Für eine zukunftsfähige Unternehmenskultur im Miteinander
Manfred Wollinger und Konrad Klar
ISBN: 978-3753442822
24,00 Euro